本书获国家社会科学基金项目“转售价格维持（RPM）反垄断治理问题研究”
（14BFX096）资助

经济管理学术文库 • 管理类

转售价格维持反垄断治理问题研究

The Antitrust Governence to the
Resale Price Matainenance

王自力／著

经济管理出版社
ECONOMY & MANAGEMENT PUBLISHING HOUSE

图书在版编目（CIP）数据

转售价格维持反垄断治理问题研究/王自力著. —北京：经济管理出版社，2020. 8
ISBN 978 - 7 - 5096 - 7409 - 3

Ⅰ. ①转…　Ⅱ. ①王…　Ⅲ. ①反垄断法—研究—中国　Ⅳ. ①D922. 294. 4

中国版本图书馆 CIP 数据核字(2020)第 158091 号

组稿编辑：张巧梅
责任编辑：张巧梅
责任印制：赵亚荣
责任校对：张晓燕

出版发行：经济管理出版社
（北京市海淀区北蜂窝 8 号中雅大厦 A 座 11 层　100038）
网　　址：www. E - mp. com. cn
电　　话：(010) 51915602
印　　刷：北京晨旭印刷厂
经　　销：新华书店
开　　本：720mm × 1000mm/16
印　　张：12. 25
字　　数：186 千字
版　　次：2020 年 9 月第 1 版　　2020 年 9 月第 1 次印刷
书　　号：ISBN 978 - 7 - 5096 - 7409 - 3
定　　价：78. 00 元

前　言

转售价格维持（RPM）早于反垄断法之前就存在。在谢尔曼法实施后的一段时间里，RPM 处于本身合法的状态。1911 年最高法院在对迈尔斯案（Dr. Miles Medical Co. v. John D. Park and Sons，Co.）处理时，法院的理由很明确，制造商与零售商之间的固定价格协议消除了品牌内竞争，违反谢尔曼法第一条，开启了纵向价格协议本身违法的先例原则，开始了其长达百年的本身违法历史。在 19 世纪 30 年代大萧条背景下，《米勒—泰丁斯公平交易法》、《麦圭尔法案》基本上把 RPM 完全合法化了，但这种合法化与反垄断目标没有任何关系，随着 Telser（1960）提出服务理论，“一大批主流经济学家开始认识到 RPM 的效率”。最终于 2007 年丽晶（Leegin）案，美国联邦最高法院明确推翻了迈尔斯的判决，并确立了 RPM 合理原则。从美国的 RPM 反垄断历史演变历程看，RPM 经历了合法—违法多次反复，且变动剧烈，价格水平也有升有降，但这种升降是由 RPM 本身导致的，还是由于对 RPM 制度实施的不一致所导致的，在实证时并不能给出确切的证据。在丽晶案之后，美国各州对 RPM 是否应该适用本身违法或是本身合理仍然适用不同法律。从世界各国的 RPM 反垄断制度看，加拿大、澳大利亚、欧洲、日本、中国等国家，仍然沿袭了本身违法传统，并没有跟随丽晶案的观点。总之，对 RPM 到底是应该实施合理原则，还是应该实施本身违法原则，仍然存在争议。

制造商往往与零售商签订协议，对产品的零售价格进行限制（转售价格维持，RPM），既有可能是一种效率改善的合约设计，也有可能是妨碍市场竞争的垄断工具，这种复杂性使得我们很难基于合约本身的内容来判断其好坏，而必须结合实施主体的意图、实施的后果等更多证据，才能做出客观判断。反垄断法对横向协议和纵向协议的治理分别实施本身违法和合理原则，是根据二者对竞争的基本影响形成的判断，而纵向协议中把纵向价格协议单列适用本身违法，也是对分类治理原则的贯彻，但贯彻得并不彻底。遵循反垄断法的精神实质，以及对垄断协议分类治理的经验，我们给出了一个一致性的治理思路：应该对纵向价格限制进行分类治理。在这一思路下，我们尝试性地给出了一个初步的分类治理原则：①单向 RPM 不影响横向竞争关系，不存在反竞争效应。②如果 RPM 的任何一方被证实参与了横向垄断协议，则 RPM 适用本身违法原则。③当一个产品由多个零售商销售时，零售商主导的 RPM 会削弱零售商之间的横向竞争，降低消费者福利。④在交叉关系中，零售商实施 RPM 会导致零售商合谋定价。⑤在交叉关系中，只要上游生产商之间存在合谋行为，RPM 就必然损害市场竞争。

制造商实施转售价格维持（RPM），既有可能促进效率，也有可能妨碍竞争，如何识别二者并进行合理的反垄断规制，是长期困扰反垄断理论与政策的一个重要问题。制造商通过设置零售价格下限，可以从多个维度改善效率：①协调零售商横向外部性问题，提高零售商努力水平；②协调制造商与零售商的纵向关系，解决委托代理问题；③解决市场不确定性带来的存货不足问题。同时，RPM 也可以是制造商的一种策略性行为，达到限制竞争的效果：①稳定制造商之间的卡特尔；②阻止潜在的效率进入者；③在上下游之间转移定价权，实现垄断定价。基于 RPM 的复杂性，应以论辩原则对其进行反垄断规制。根据不同类型 RPM 的基本实施条件，可以建立一个初步区分 RPM 是否改善效率或妨碍竞争的“效率筛子”，降低合理推定原则下的反垄断司法成本。

在互联网经济条件下，很多产品并不具有“店选网购”特征，但制造商仍然对这些产品的零售价格进行限制（转售价格维持，RPM），这是传统搭便车理论所无法解释的，引入跨期外部性是对传统理论的完善和拓展。在同一品牌被多零售商经销情况下，产品的重复消费特征会引起零售服务“跨期外部性”，导致零售服务供给不足，这一特征在网络零售条件下更为突出。转售价格维持通过提高零售商在尝试消费阶段的报酬，可以内化零售服务跨期外部性，激励零售服务水平达到最优，且其激励效果优于最低销售数量和固定销售区域等纵向约束手段。发现“跨期外部性”对零售服务的影响，使之前被认为是相互独立甚至是冲突的几个经典假说得以协调，为 RPM 适用合理原则提供了进一步的理论支持。

对 RPM 的效率解释假说尽管角度各异，但都围绕着一个核心，即制造商在消除品牌内竞争的同时能够产生其他一些效率因素，但几乎很少有研究把消除品牌内竞争与品牌间竞争之间的关系联系起来。但正如 Posner、Esterbrook 等早就指出的，RPM 最根本的特征是限制了品牌内的零售商价格竞争（这也是其遭受反垄断制裁的根本原因），但却会削弱制造商在品牌间的竞争力，因此，两者之间一定存在效率权衡。我们把零售商服务区分为品牌功能和附属功能，根据对服务的需求，把消费者区分为品牌偏好消费者和品牌边际消费者。边际消费者对具体品牌的购买取决于零售商的零售服务。我们发现，零售商为了争夺这些边际消费者，会在不提高价格的情况下提供零售服务，其提供零售服务的成本通过从品牌消费者中所获的利润支出。由此，无论零售服务是否为特质性，零售商都会提供这类服务。我们的研究表明，制造商是否实施 RPM、如何实施 RPM，取决于品牌内价格竞争是否会阻碍品牌间竞争的最优零售服务水平的提供。由此，我们对“为什么实施 RPM”提出了一个新的、可检验的理论假说，并且，这一假说能够对之前研究中所争议的案例给出一致的、合理的解释。

服务理论指出，限制零售价格（RPM）能够解决搭便车问题，但在消费者异质条件下，如果厂商不能对不同零售服务水平进行差别定价，售前零售服务水平仍然不能达到最优。该“难题”在 Telser（1960）及其之后的研究里，均未给出解决方案。本书发现了“Telser 难题”发生的消费者异质边界，并且给出了在不同异质区间的解决方案，为忠诚折扣与 RPM 合约组合给出了一个新的解释。在高异质需求区间，通过累进忠诚折扣合约设计，使得“高服务投资 + 高销量”和“低服务投资 + 低销量”成为纳什均衡，从而解决了因为识别产生的道德风险问题。并且，在中等异质需求区间，RPM 是实现最优均衡的充要条件，在低异质需求区间，限定区域销售能替代 RPM 解决搭便车问题。我们的研究结论澄清了传统服务理论中关于搭便车的应用条件，并为反垄断政策实施提供了可检验的识别条件，为 RPM 及忠诚折扣反垄断治理实施合理原则提供了进一步的理论支持。

RPM 也有可能在默契合谋中产生工具性作用。本书研究了一种不仅能够实现厂商间利润增加，也有可能实现消费者福利改善的默契合谋。当高搜寻成本消费者比例较高时，通过选择避免与成本优势厂商同处于一个竞争平台，成本劣势的厂商也能够在市场中垄断定价，使市场中出现价格离散，提高了市场预期价格水平，降低了高搜寻成本消费者进入市场的数量。默契合谋可以使厂商之间达成相同的定价，解决价格信息不完全问题。在消费者不完全价格信息条件下，厂商选择单干或是扎堆销售产品，能够有效地向消费者传递价格信号，促进默契合谋的达成；当厂商进入零售平台的固定成本很大时，成本劣势的厂商实施 RPM，可以成为对成本优势厂商非合作行为的可置信惩罚机制。在默契合谋下，高搜寻成本消费者福利得到改善，低搜寻成本消费者福利受损，总体福利影响取决于两类消费者的比重。

本书对 RPM 分类进行了尝试，随着认识深化，所发现的新的形式分类可以不断纳入分类治理框架，并以适当的形式（如法规修改或及时发布新的司法解释等）进行动态但稳定的调整。分类治理的基本原则是，只有明确确定有害的行为才归入本身违法原则，对那些尚没有认识到，或存在争议的行为，如果没有把握将其归入本身违法，则都应该纳入合理原则。一旦认识成熟，就可以安全地将一些有害行为重新筛选出来，归入本身违法原则治理范畴。基于此，我们希望能够建立一个过滤装置，从形形色色的 RPM 中把那些基本无害的 RPM 筛选出来，使其免受诉讼之扰，既能节约法庭的审判资源，也能节约社会诉讼成本。尽管对 RPM 的“好”或“坏”进行区分是困难的，但幸运的是，通过对文献的梳理，我们仍然可以发现一些基本的原则，进行一些初步但安全的筛选，尽可能使那些具有效率特征的 RPM 免受反垄断审查。这个“效率筛子”包括以下几个条件：①弱制造商市场势力。②零售商多品牌代理。③高市场波动。④低批零价差与卡特尔。条件①～③把一些不可能具有破坏性的 RPM 筛选出来，使其免受反垄断审查，条件④则可以帮助反垄断执法机构在这些筛选之后的潜在审查对象中找出一些重点审查对象。

我们相信，分类治理原则具有正确的理论基础，但也必须认识到，这一治理框架是动态发展的，其完善尤其需要注重以下几个方面的研究：①什么是“坏”的 RPM。有效缩小 RPM 本身合理原则的适用范围，扩大适用本身违法原则的行为类型，可以有效减轻合理原则下的司法成本。②RPM 反垄断处罚的观察期。设立观察期的好处在于，可以构建一个类似于准自然实验的环境，观察 RPM 中止前后的一些关键性指标的变化，对在观察期前基于理论假设所做出的判决予以进一步的验证。但如何让这一设想在操作层面得以落地，仍然需要更为细致和具体的制度设计和论证。③RPM 与其他工具的组合。在现实世界中，我们能够观察到的 RPM 合约往往与其他各种纵向约束工具混合使用，但是，为什么制造商需要将这些工具叠加使用，现有的理论关注不多。事实上，工具的使用总是由一定目的驱使的，因此，分析这些工具组合的功能及使用效果，可以成为识别制造商使用 RPM 目的的一个非常有价值的途径。④RPM 的激励机制。RPM 的协调机制与 RPM 的合法性存在奥妙的关系，“如果 RPM 协议对零售商没有造成压力，则不应视为合法”，但是，如果 RPM 协议对零售商造成了压力，也未必就是合法的。因此，仅仅通过观察“压力”这一指标，并不能对 RPM 的合法性做出有效的估计。因而，对 RPM 协调机制与 RPM 合法之间的关系要进行更为深入的研究。

目　录

第一章　转售价格维持制度比较分析

自 2008 年《反垄断法》正式实施以来，反垄断法对中国市场经济的影响越来越大，已经从当初被戏称为“花瓶”，演变为高悬于企业头上的一柄达摩克利斯之剑，对企业的行为规范产生了实实在在的影响。

反垄断法对企业行为的最重要作用并不在于惩罚，而在于引导和规范。反垄断法的精神实质在于保护市场竞争，围绕这一宗旨，反垄断法主要由一些比较抽象的原则性条款组成。这就产生了一个问题：这些抽象的指导性条款在具体实施过程中，可能会被企业甚至是执法机构予以不同的理解，这在法律上会引起争议，在实践中则会引起困惑，无法对企业行为产生清晰有效的引导，甚至会使企业无所适从。这一问题在转售价格维持（RPM）——上游制造商与下游制造商就零售价格协商并进行限制性规定——反垄断规制上，显得尤为突出。

对 RPM 的反垄断规制矛盾可以从两个方面得到突出体现。无论是国外还是国内、过去或是现在，转售价格维持（RPM）都一直以奇特的方式存在：一方面，各国反垄断法都在不同程度以不同方式对 RPM 进行原则性限制，美国在 2007 年丽晶（Leegin）案之前，法院对 RPM 长期适用本身违法原则，而在澳大利亚、加拿大、欧盟等国家和地区，至今还是处于本身违法状态；另一方面，在如酒类、服装、珠宝、运动设备、汽车、汽油、电器等多个销售领域，PRM 得到广泛使用，甚至成为某些产品的主导销售方式，包括欧盟在内的许多国家也时有推出一些豁免条款。自中国《反垄断法》实施以来，RPM 并未引起人们过多的关注，但从2013年起多起判罚使其成为理论和实践热点：著名酒企茅台、五粮液被发展改革委开出共4亿多元罚单，合生元等6家奶粉企业被罚6.7亿元，强生案原告二审胜诉等。这场引人注目的反垄断执法机构与司法机构对RPM行为的“联动”，在完成竞争倡导任务的同时也引出了一系列亟待解决的问题：执法机构是如何从繁杂的各类RPM中区分出“有益”的或“有害”的？宽泛的法条在具体司法执法实践中是如何被细化的？如何形成反垄断“适度威慑”同时又发挥RPM的合理作用？对上述问题的解答，关乎能否对RPM实施公平的规制政策并趋利避害地引导RPM商业模式，是反垄断学界面临的一个重要理论与实践课题。

第一节　RPM的产生及其早期法律规制

一、早期的转售价格维持（RPM）

转售价格维持（RPM）早于反垄断法之前就存在。1890年，麦克米兰（Macmillan）公司推出一种被称为“净价格”（Net Price）的著作制度，如果著作作者接受该著作发行制度，则零售商在出售该著作时不允许降价，而在之前，著作价格是完全由零售商根据市场行情自行确定的。有趣的是，麦克米兰公司首先选择使用“净价格”制度的著作就是马歇尔的《经济学原理》（Breit，W.，1991）。在与马歇尔讨论对《经济学原理》定价的书信讨论中，麦克米兰向马歇尔陈述了使用价格限制的理由：零售商销售书籍和其他产品时，激烈的市场竞争会使书籍的价格接近成本，没有零售利润，也使零售商缺乏向顾客推销书籍的动力。事实上，麦克米兰公司在推出这一“净价格”制度时，仍然保留了原有的折扣价格体系：如果作者不愿意使用“净价格”（RPM），仍然可以采用原来的折扣定价体系。马歇尔在其《经济学原理》的前四版发行时，都没有同意使用新的“净价格”制度，但在第四版之后，马歇尔最终同意对其这本著名的著作使用“净价格”制度。虽然史料没有说明马歇尔最终同意采用 RPM 定价的原因是什么，但马歇尔的版权收入与《经济学原理》的销量是直接正相关的：除非固定价格能够导致销量增加，否则马歇尔的收入将会下降！作为价格理论的专家，马歇尔对 RPM 的接受，似乎表明他本人认为，该制度确实能够提高书籍的销售。

美国的纵向价格限制最早出现于 1895 年的制糖业。经营糖的批发商需要大量固定成本和低的可变成本，这一特征使得在竞争激烈时，价格会低于平均成本，这使得糖批发商难以生存。美国糖精炼公司（The American Sugar Refining Company）为了维持糖批发商生存，推出了一种新的定价制度：如果批发商使用固定价格，公司就保证他们以一定的利润，该利润相当于如果没有批发商，公司直接向零售商发货的成本；利润的返还以返利的形式实现，如果零售商降价，则失去获得返利的机会。这一制度实施后，很快被其他一些行业如服装、百货、烟草、肥皂、苏打、玻璃和威士忌等效仿，一度成为很流行的商业模式。（Arbuthnot，1907）

19 世纪，美国卡特尔盛行，大资本、大企业对市场的控制力日益加强，对市场自由竞争的威胁加大，引起人们广泛的担忧，并导致 1896 年谢尔曼法的颁布，美国也成为全世界最早实施反垄断制度的国家。根据谢尔曼法第一条规定：“所有限制州际或对外商业贸易，以托拉斯或其他形式组成联合，签订合同或秘密协议的，都属于违法行为。”在谢尔曼法实施后的一段时间里，厂商与厂商之间的横向价格协议一直是被视为本身违法的，但作为纵向价格协议的 RPM，则仍然处于本身合法的状态。

Yamey（1952）认为，在 1895 ~ 1906 年所流行的 RPM，在本质上，是由零售商行业协会所主导，其目的就是控制价格竞争。在这一段时期，很多地方性的零售行业协会逐步组合成为全国性的协会，实施零售价格卡特尔。为了保持卡特尔价格的稳定性，利用协会的力量，迫使制造商签订 RPM 协议，但实际上，在很多时候，制造商并不愿意签订 RPM 协议，因为，高的价格意味着需求量下降。

例如在药品行业，1895 年成立了全国性的行业组织 PATA（the Proprietary Articles Trade Association），其成立之初的基本职能就是进行 RPM 谈判及相关事宜，迫使制造商进行二选一：或者签订 RPM，或者就无法获得该行业协会任何一位零售商的零售服务。显然，RPM 的商业目的变得越来越复杂了。因此，1907 年，在对 J. D. Park and Sons v. Hartman 案件的判决中，地方法院认为 RPM 必须在被证明为具有足够必要性时才能被使用，否则就是违法的，使 RPM 的合法地位被动摇，并适用合理原则。而在 1911 年迈尔斯案之后，RPM 彻底失去了其合法地位，开始了其长达百年的本身违法历史。

二、迈尔斯（Dr. Miles）案

迈尔斯（Dr. Miles）案是美国 RPM 反垄断历史上最重要的案件之一，其建立的本身违法原则在美国沿用近百年，即使在美国联邦法院 2007 年丽晶案确立合理原则之后，本身违法原则仍然被美国部分州坚持。迈尔斯案涉及迈尔斯和帕克两家公司。

迈尔斯是印第安纳州的一家医药公司，从事秘密方法和配方制备的专利药品的生产和销售，并通过独特的包装、标签和商标进行识别，在美国和多个国家建立有广泛的贸易。迈尔斯的产品销售基本模式是，迈尔斯向批发商和零售商出售药品，批发商也向零售商批发，由零售商出售给消费者。迈尔斯的产品均为独立包装，并在包装上打印了该药品的价格，迈尔斯要求所有经销其产品的批发或零售商均必须遵守该价格。之所以这么做，迈尔斯的解释是，其大部分销售是通过零售完成的，零售商的零售能力对产品的需求至关重要。某些零售店特别是那些杂货店，实行“降价”或“折扣”制度，导致大多数零售药店不愿意销售其药品，因为如果和杂货店进行低价格竞争，就无法实现其正常利润。因此，零售商通常都不愿意对该类产品保留足够的库存，而且，即使保持库存，也不会投入于促销该产品，而是努力去销售其他一些具有类似功能的药品（因为此时这些产品的利润更高）；并且，降价会给公众造成一个印象，认为其产品的声誉或价值下降了，从而影响消费者对产品的需求。总之，“降价”或“折扣”对其药品销售

造成了“很多混乱、麻烦和损害”，严重损害了其产品声誉，并直接导致其产品销售大幅下滑。①

为了保证最低零售价格，迈尔斯公司精心设计了一套制度。它与经销商的合同包括批发合同和零售合同两种，两种合同均明确规定了零售价格，并且制定了能够销售该产品的经销商名单，任何经销商均不得与名单外的经销商进行交易。同时，对产品以独特的包装、标签和商标进行识别，以维持其产品销售所规定的价格。零售商不允许从事“任何降价，或以印花券、抵扣券等以降价为目的的活动”，否则需要向迈尔斯赔偿一笔固定损害费（25 美元）。② 在该销售体系下，迈尔斯在美国拥有超过 400 名的批发商、25000 名零售商。

零售商，帕克公司（Park and Sons）是肯塔基州的一家批发药品公司，与迈尔斯签订了零售合同。在俄亥俄州辛西那提（Cincinnati，Ohio）的销售中，帕克公司将迈尔斯的产品低价销售给了其他一些没有与迈尔斯有合同关系的其他零售药店，并且，这些药店以低价销售迈尔斯的产品，其目的并不是从销售该产品中获利，而是实施“损失领导者”（Loss Leading）策略，即通过降价该产品价格，吸引更多的顾客光顾，进而从其他产品销售中获利。迈尔斯向法院起诉帕克公司后，被帕克公司反诉其 RPM 合同违法。

1911 年最高法院对迈尔斯案（Dr. Miles Medical Co. v. John D. Park and Sons, Co.）的处理中，明确 RPM 违法谢尔曼法第一条，开启了纵向价格协议本身违法的先例原则。法院的理由很明确，零售商之间的横向固定价格协议消除了品牌内的竞争，因而是违法的，那么，制造商与零售商之间的固定价格协议消除了品牌内竞争，因而也是违法的。

三、迈尔斯案的基本分析

迈尔斯案确立的先例原则是，厂商和零售商不能就价格进行协议，其依据是

① U. S. Supreme Court Dr. Miles Medical Co. v. John D. Park & Sons Co., 220 U. S. 373（1911）.

② Dr. Miles 在批发合同中规定，零售商必须保持合同中约定的存货数量，如果在存货数量不足且 10 天内未补足存货，则 Dr. Miles 可以取消与零售商的合约。

谢尔曼法第一条关于“协议”的规定。因此，如果厂商单方面要求一个最低零售价格（没有与零售商协议的过程），就可以不受该判例的约束。这是1919年高露洁（Colgate）案对迈尔斯案的一个修正。只要上游厂商是在事前单方宣布产品的最低零售价格，如果零售商在销售过程中低于这一价格，厂商就可以单方面中止与零售商的销售合同。这一原则在之后的孟山都案（1984）也得到体现和强调。

但是，迈尔斯案在其判决中没有注意到品牌内竞争和品牌间竞争的差别。不同品牌产品之间的竞争是市场活力的根本保证，而价格协议能够制造出新的市场势力（定价能力），扼杀市场竞争，这是横向垄断协议被视为本身违法的最根本理由。而RPM纵向价格协议只是消除了品牌内竞争，“只是某一方对自己已有市场势力的运用，并没有增加任何市场势力”（Breit W.，1991），并不会削弱品牌间的竞争，而来自品牌间的横向竞争才是影响产品市场定价的最关键因素。此外，迈尔斯案的法院判决认为，制造商在RPM协议中不能得到任何好处，因为制造商得到的只是批发价乘以销售数量，但零售价格越高，销售数量越少，因此，高的零售价格不仅对消费者不利，而且对制造商也不利。因此，在迈尔斯案里，法院认为只有零售商从固定价格协议中能够得到好处。不过这一观点显然与现实存在矛盾，因为很多RPM协议都是明显由制造商要求实施的（例如，我们之前提到的书籍、糖业等）。

迈尔斯案的判决依据于谢尔曼法，而谢尔曼法的精神实质是保护竞争，维护市场效率。厂商之间的横向价格协议对市场竞争的破坏作用在当时已经被经济学的研究成果验证，因此，对横向价格协议实施本身违法是法和经济学的共识。但厂商与零售商之间的纵向价格协议是否有损市场竞争和效率，在当时，无论是在理论上还是在实践中，都没有形成共识。事实上，这一问题直到今天，也仍然存在争议。因此，迈尔斯沿用本身价格协议本身违法于纵向价格协议，并没有足够的理论依据。

总之，迈尔斯案是在谢尔曼法出台不久之后裁决的，当时的反垄断理论和反垄断司法经验都还是处于探索阶段，在这一大背景下，美国的法和经济学理论界也对迈尔斯案所创立的 RPM 本身违法原则也是仁者见仁，智者见智。总的观点分为两类：一类是坚持迈尔斯的观点，强调对 RPM 适用本身违法原则；另一类则强调 RPM 也具有效率的一面，因而应该适用合理原则。Arbuthnot 在 1907 年 JPE 上发表的一篇论文里，已经很明确地发现了，制造商也能够在实施 RPM 中获得好处。他认为，一些新产品通过 RPM，为零售商提供足够的零售利润，使零售商愿意付出足够多的零售努力来说服消费者购买，并且，RPM 能够避免一种产品被作为“Loss Leader”。Silcock（1938）认为，RPM 消除了价格差异，对高搜寻成本消费者有利，对低搜寻成本消费者不利，如果前者的比重更大，RPM 在整体上对消费者就是有利的。对消费者福利改善的原因有以下三个：一是在一个固定的价格下，消费者节约了对价格搜寻成本，产生了收入增加效应，需求增加；二是高零售价格诱使零售商对该商品的销售付出更多的零售努力；三是高的零售利润也会吸引更多的零售店参与产品销售，这也会使产品更容易销售出去。由此出发，Silcock 建议对 RPM 使用合理原则进行逐案分析。

Taussig（1917）也认为，当邮购（mail order）能够以较传统零售更低的价格吸引消费者时，零售商就不会销售那些“邮购”产品，这些产品的传统销售渠道就会枯竭。但是，Taussig 仍然坚定地反对 RPM，他认为应该鼓励邮购这样的商业形式创新，而 RPM 会扼杀这种商业创新。并且，即使厂商有这样或那样的理由实施 RPM 以维护自己的利益，但高价格终归是对消费者不利的。总体上，Taussig 对 RPM 的反对观点，在当时得到很多经济学家的响应和支持。Tosdal（1918）在 AER 上的论文是其中代表之一。Tosdal 认为，即便一些消费者在购买产品时确实需要零售服务，但是，高的价格仍然可能对消费者不利，因为他们可能更偏好低的价格，而不是包括零售服务的高售价。在接下来的 20 年里，美国经济学主流的判断是：RPM 提高了市场价格，不利于社会福利。这种态势直到 1960 年 Telser 搭便车理论的提出才得到改变。

第二节　对 RPM 本身违法的豁免（1919～1975 年）

有趣的是，虽然在 19 世纪初期，理论界的主流看法是 RPM 有损竞争，似乎法院设立的 RPM 本身违法原则应该得到强化，但事实并非如此。Yamey（1952）对 1885～1906 年的英国零售业进行考察，发现，当时新的商业形式扩张迅猛，如“中产阶级合作社”（Middle class Co－operative Stores）、大众店（Universal Providers）和连锁店（Multiples）利用其商业优势，进行广泛的价格让利，不断扩大市场份额。并且，当时在零售业被广泛使用的“损失定价”（Loss Leader）[①] 方法，更加剧了零售商之间的竞争。激烈竞争使得传统中小零售商利润迅速下降。美国也面临相似的处境，传统的干货店、小药店、小杂货店不断被新兴的百货商场、消费者合作社、连锁店和超市挤压，一些零售商协会开始在地区范围内形成价格协议，以期控制价格竞争。然而，这种价格协议并没有太好的效果，因为，非协会的零售商降价会使协会成员整体受损。因此，协会用其整体力量与制造商谈判，要求其对降价的零售商拒绝供货，这就能够保证价格协议的稳定性。但迈尔斯案后，本身违法原则使得零售协会无法再使用 RPM 来维持卡特尔，于是，零售商协会不断游说议会，放松对 RPM 的管制。

在 19 世纪 30 年代大萧条背景下，来自政治的压力空前加大，对司法界的态度产生的决定性的影响。1930～1937 年，有 42 个州通过法律，承认在州内实行 RPM 是合法的；1937 年，美国议会通过了谢尔曼法修正案米勒—泰丁法案（Miller－Tyingdings Act），该法案使州与州之间的 RPM 合法化。该法也使联邦贸易委员会（FTC）不能视 RPM 为限制竞争的手段。在 48 个州中，有 45 个州通过

① Loss leader 是指，一些零售商选取一种或某几种商品制定低于正常水平的低价格，以吸引消费者进店，通过消费者对店内其他商品的购买获得补偿。当一部分零售商采取这一商业战略后，其他零售商也会效仿，使得零售业的整体价格水平下降，利润降低。

了公平贸易法，在其州内实现了 RPM 合法化。1951 年，高等法院（Schwegmann Brothers v. Calvert Distillers Corp.）确定了 RPM 的“非签条款”：如果一个厂商与零售商签订了最低限价合约，则该州所有的零售商都必须执行该 RPM 合约。1952 年，议会又通过了迈克圭尔法案（McGuire Act），该法案使 RPM“非签条款”（Non – signer Provisions）合法化。

从美国国会对相关法案的修改过程来看，虽然《米勒—泰丁斯公平交易法》、《麦圭尔法案》基本上把 RPM 完全合法化了，但这种合法化与反垄断目标没有任何关系，因为上述两个法案的目标是“允许各州保护小型零售企业，否则，国会认为这些企业可能会被大量折扣商店赶出市场”（Fisher，1985）。州公平交易法也是基于类似的理由。在 19 世纪 30 年代发生的这一场大规模的 RPM 豁免运动，旨在将低效的小型零售商从无力竞争中拯救出来，这与反垄断法的目的是“保护竞争，而不是竞争者”① 实际上是相悖的。因此，1975 年，国会颁布《消费品价格法》（Consumer Goods Pricing Act，89 Stat. 801），废除了这两项法案，就是废除了对低效企业的保护，这与反垄断法是一致的。特别值得注意的是，《消费品价格法》废止了使 RPM 本身合法的法律规定，但却并没有将迈尔斯案 RPM 本身违法编纂成文。显然，美国国会在立法时就留给了法院更灵活的选择空间，就是以谢尔曼法第 1 条赋予法院在普通法传统中“发展法律管辖原则”的能力。②

RPM 合法化对美国零售业的影响主要集中在几个行业，其中影响最大的是药店零售。全美零售药店协会（National Association of Retail Druggists ，NARD）应用 RPM 和政治影响，成功地阻击了折扣药店的发展。一个著名的例子是加州 Pepsodent 牙膏。1935 年，Pepsodent 在加州退出了 RPM 协议，NARD 要求所有会员停止销售 Pepsodent 产品，Pepsodent 的销量在加州几乎为零，在全国的销量也下降了近 40% 。随后，Pepsodent 迅速重新加入 RPM，并且向 NARD 捐款 25000

---

① Atlantic Richfield Co. v. USA Petroleum Co. , 495 U. S. 328, 338, 110 S. Ct. 1884, 109 L. Ed. 2d 333 (1990) .

② Leegin Creative Leather Products, Inc. v. PSKS, Inc. , 551U. S. (2007) .

美元，以资助其用于公平贸易立法的游说。由于美国药业协会的强力推动，到1954年，药店销售占美国实施公平贸易全部商品约一半。但在总量上，RPM对零售业的影响并没有想象的那么大，即使在立法完全有利于RPM的20世纪30～50年代，RPM覆盖的范围也只有整个零售业的6%～10%。

RPM之所以没有在零售业不断扩大范围，有好多影响因素起作用。到70年代，美国的公平贸易演化为三类形式：17个州实施了非签条款，19个州没有实施非签条款，即RPM只有对那些具体的协议才有效，还有14个州和哥伦比亚地区仍然视RPM为非法（Ippolito & Overstreet，1996）。在没有签订非签条款（Signer－only）的州，无论是零售商或是制造商，实施RPM的难度都大大增加，因为，没有签订协议的零售商能够经销该产品，会使协议签订零售商在价格竞争中处于被动。因此，在没有非签条款的州，如果要实施RPM，就必须保证其批发商不会将产品分销给非协议零售商，因此，通常这类RPM协议都要附加一个所谓的“次级联合抵制”交易条款，要求批发商只能将产品出售给签订了RPM协议的零售商。但是在1973年的康宁案中，FTC认定这种“次级联合抵制”条款是违法的，并在诉讼中取得胜利。在失去“次级联合抵制”条款这一重要保障后，RPM在没有实施“非签条款”的州实际上也处于难以实施的境地。

一方面，电视广告的发展使得制造商向消费者推荐产品时，越来越依赖于媒体而不是零售商，并且，随着零售商市场势力的增长，双重加价问题逐渐变得严重起来，制造商越来越倾向于激发零售商之间的价格竞争，实现需求量优化。另一方面，立法方面的变化也对RPM产生影响。一些州废止了“非签条款”，这大大增大了零售商协会固定价格的实施成本。此外，1957年，法院通过判例，对邮政购物（Mail Order Houses）予以公平贸易法豁免，邮政购物可以对那些实施RPM的商品进行折扣价格广告。这样，还未等到RPM被废止，一些制造商就主动从RPM协议中退出。

不仅仅在司法实践层面，在理论层面RPM也面临着强劲的挑战。反对RPM的经济学家们进一步认为（Yamey，1952；Bowman，1952；Adams，1955），RPM在消除了品牌内价格竞争的同时，也间接地消除了来自其他产品品牌的价格竞争。由于横向价格合谋被公认是违反谢尔曼法的，因此，RPM 的对市场的危害被强化到了一个非常严重的程度。在 1952 年迈克圭尔法案的听证会上，来自芝加哥大学法学院和经济系的 17 位著名教授联名写信，要求废止公平贸易法案（Fair Trade Laws）。① 1975 年，议会在两个大党的支持下，最终通过了消费者商品价格法案（Consumer Goods Pricing Act），加之 1973 年 FTC 禁止“联合抵制条款”成功后，使得大多数州的 RPM 已经处于虚设状态，废止 RPM 对生产者的既得利益损害并不大。因此，1975 年，当议会召开听证会，讨论米勒—泰丁法案和迈克圭尔法案废除时，来自生产者的反对很弱，两个法案很快通过了听证会并被废除。自此，支持迈尔斯案的意见占据了一边倒的优势地位，RPM 重新回到了本身违法状态。

在之后的很长一段时间里，对 RPM 的本身违法原则一直被延续。期间，尽管对非价格的纵向约束本身违法被废弃［Continental T. V. Inc. v. GTE Sylvania Inc.，433 U. S. 36（1977）］，法院在 1984 年孟山都案（Monsanto v. Spray – Rite Service Corp.，465 U. S. 752）一案中，拒绝了司法部对 RPM 中止本身违法的要求。1988 年，在 Business Electronics v. Sharp Electronics，485 U. S. 717 一案中，法院再次重申了“高露洁规则”，强调“纵向价格约束有利于生产商之间的卡特尔，降低品牌间竞争”，“厂商应对品牌间竞争的最优策略就是降低零售价格”，并拒绝接受关于 RPM 的效率辩护。

第三节 丽晶案与 RPM 合理原则的建立

从 1911 年迈尔斯案起的近百年的漫长时间里，虽然在立法和司法层面，RPM 本身违法原则处于绝对的统治地位，但在理论界，甚至在执法部门内部，

① 这些教授中包括 Walter Blum，Ward Bowman，Aaron Director，Allison Dunham，Milton Friedman，H. Gregg Lewis，L. A. Metzler，L. W. Mints，and T. W. Shultz 等。Overstreet T R. Resale price maintenance：Economic theories and empirical evidence［J］. 1984. Bureau of Economics staff report to the Federal Trade Commission.

不同的声音也从未停止。特别是里根政府上台以后，时任司法部部长助理的巴克斯特主管反托拉斯司，明确宣称“只有当纵向协议会限制产量和提高价格时才应该被禁止”①，明确地表达了以合理原则取代本身违法原则的态度。在理论界，随着 Telser（1960）提出服务理论，“一大批主流经济学家开始认识到 RPM 的效率”。最终于 2007 年丽晶（Leegin）案，美国联邦最高法院明确推翻了迈尔斯的判决，确立了 RPM 合理原则。在丽晶案后，联邦最高法院发布了以下三条指导原则，以指导如何使用合理原则对有害的 RPM 协议进行识别，包括：①个别企业之间的 RPM 不应被视为违法，因为个别企业不可能构成生产卡特尔；②如果 RPM 协议对零售商没有造成压力，则不应视为合法；③实施 RPM 的厂商必须具有足够的市场势力，否则不应视为违法。②

根据华尔街日报的报道，丽晶案之后的不到两个月时间里，RPM 的使用频率大幅增加，大约有 5000 家公司使用 RPM 和类似的广告价格，这些 RPM 产品不仅在一些实力雄厚的大型零售商如 Wal - Mart、Best Buy、Circuit City、Toys “R”Us，也在一些网络零售商销售。甚至一些厂商通过聘用高科技公司，通过互联网技术帮助厂商对零售商的价格进行监督。③

一、丽晶案回顾

丽晶公司（Leegin Creative Leather Products, Inc.）是一家以设计、制造和经销皮革制品和配件的生产商。1991 年，丽晶开始以“布莱顿”（Brighton）品牌销售皮带，并扩展到各种各样的女性时尚配饰，这些产品在全美 5000 多家零售场所销售，大部分是独立的小型精品店和专卖店。丽晶的总裁杰瑞·科尔（Jerry Kohl）也持有约 70 家销售布莱顿产品的商店的股份。丽晶声称，至少就其产品

① 转引自［美］马歇尔·C. 霍华德著《美国反托拉斯法与贸易法规》，孙南申译，中国社会科学出版社 1991 年 5 月版，第 206 页。

② Leegin Creative Leather Products, Inc. v. PSKS, Inc., 551U. S. (2007).

③ Joseph Pereira, Why Some Toys Don't Get Discounted—Manufacturers Set Minimums That Retailers Must Follow or Risk Getting Cut Off, WALL ST. J., Dec. 24, 2008.

而言，小型零售商对待顾客更好，能为顾客提供更多的服务，让他们的购物体验比那些规模更大、往往没有人情味的零售商更令人满意。科尔解释说："我们希望消费者得到一种不同于山姆会员店或沃尔玛的体验。"你无法从沃尔玛这样的商店获得这种体验、支持或客户服务。

PSKS 公司在德克萨斯州刘易斯维尔经营 Kay's Kloset 女装店，该店从大约 75 家不同的制造商购买产品。1995 年，该公司首次从丽晶购买布莱顿商品。这家店一开始销售布莱顿这个品牌，就为其开始促销，例如，刊登了布莱顿的广告，在商店里有布莱顿特销日。布莱顿也成为 Kay's Kloset 最重要的品牌，一度占其利润的 40% ~50%。

1997 年，丽晶制定了"布莱顿零售定价和促销策略"。根据这项政策，丽晶拒绝向零售商出售低于建议价格的布莱顿商品。该政策包含一个例外，即零售商可以不续购销售不佳的产品。丽晶在给的零售商的信中强调："在这个梅西百货、布鲁明戴尔百货等大型商场林立的时代，消费者对那些不是在大商场销售的产品质量和产品，即使是一些畅销品，消费者也会因其打折而对其质量感到担心。丽晶打破常规，选择专卖店销售体系，是因为其可以为客户提供优质的商品、一流的服务，可以在一年 365 天始终如一地支持布莱顿产品。"丽晶特别强调，消费者对布莱顿品牌的喜爱原因，"一半是丽晶生产优质的布莱顿产品，另一半是你——我们的零售商，以高品质的服务销售我们的产品"。这些举动表明，丽晶采取这一政策是为了给其零售商提供足够的利润，为客户提供其分销战略的核心服务，同时避免打折损害布莱顿的品牌形象和声誉。

在制定价格政策一年后，丽晶引入了一项名为"精品店计划"（Heart Store Program）的营销策略，进入该营销项目的零售商必须承诺以丽晶建议的价格出售。"精品店计划"推出后不久，Kay's Kloset 就加入了该计划，成为一家精品店。不过，在随后进行的检查中，丽晶认为 Kay's Kloset 没有达到精品店的标准，双方均同意 Kay's Kloset 在 1998 年以后不再成为精品店。尽管如此，Kay's Kloset 仍然继续增加其布莱顿品牌的销售。

2002 年 12 月，丽晶发现 Kay's Kloset 把布莱顿的整个品牌降价了 20%。

Kay's Kloset 公司声称，他们将布莱顿的产品出售是为了与附近的零售商竞争，这些零售商也降低了丽晶的产品价格。尽管如此，丽晶还是要求 Kay's Kloset 停止打折，但遭到拒绝，于是丽晶停止了对商店的供货。布莱顿品牌的流失对该店的销售收入产生了相当大的负面影响。PSKS 在德克萨斯州东区的美国地方法院起诉了丽晶，其中一项指控就是，丽晶违反了反垄断法，“与零售商达成协议，只收取丽晶确定的价格”。

丽晶计划引入专家证词，描述其定价政策有促进竞争效应，但地区法院依据迈尔斯案确立的规则，在初审中排除了证词。在审判中，PSKS 辩称，排除其他方面，“精品店计划”表明丽晶和它的零售商已经达成固定价格。而丽晶回应说，他制定的是一项单方面定价政策（根据 1919 年的高露洁案，单方固定价格适用合理原则），从谢尔曼法第一条来看是合法的，谢尔曼法第一条只适用于协调一致的行动。陪审团支持 PSKS 的意见，判给它 120 万美元。根据《美国法典》第 15（a）条，地方法院将损害赔偿金增加了 2 倍，并偿还 PSKS 的律师费和（其他）费用，判决丽晶公司赔偿数额总计达 3975000. 80 美元。

初审败诉后，丽晶向第五巡回上诉法院提起上诉。在上诉中，丽晶并没有否认其与零售商签订了垂直定价协议，相反，它认为，合理原则应该适用于这些协定。上诉法院驳回了这一论点，认为迈尔斯案的约束是正确的，“因为（最高）法院一贯将其本身的规则适用于（垂直最低限价）协议”。基于这一前提，上诉法院认为，地方法院在排除丽晶的经济专家的证词时没有滥用其自由裁量权，因为在本身违法规则下，丽晶定价政策的任何有利于竞争的理由都是没有用的。因此，在最高法院的审理中，焦点集中在 RPM 这种纵向价格维持协议是否应继续被视为本身非法。

二、丽晶案对迈尔斯案的批判

美国是一个判例法国家，遵循先例是一条重要的准则，丽晶案重新确立 RPM 合理原则，实际上推翻了迈尔斯案本身违法原则，法院必须陈述足够的修改原则的理由。

在丽晶的审判中，高等法院肯尼迪法官首先强调，《谢尔曼法》第1条禁止"在限制各州之间的贸易或商业活动方面，以信任或其他形式存在的非常契约、合并或共谋"，其所指并非指所有的合同，法院也从来没有"采取文字的方法来表达"[①]，相反，法院一再重申第1条"只是不合理的限制是非法的"[②]。在反垄断法没有明文规定适用原则的情况下，法院必须根据反垄断法精神，决定RPM反垄断治理原则。

在反垄断治理中，存在两种基本的规则可选择：本身违法原则和合理原则，通常，合理原则是检验一种限制贸易的行为是否违反第1条的公认标准。[③] 根据这条规则，"在对竞争强加一个不合理的限制时，权衡案件的所有情况，来决定是否应该禁止限制竞争的行为"[④]。也就是说，合理原则在反垄断治理中是优先于本身违法原则被考虑的。在使用合理原则时，需要考虑的适当因素包括"有关业务的具体信息"和"约束的历史、性质和效果"，包括所涉及的企业是否具有市场影响力这一更深层次、更重要的考虑因素。[⑤] 实际上，合理原则等同于"对市场力量和市场结构的调查，目的是评估（约束的）实际效果"[⑥]；该规则在其设计和功能上要求区分对消费者有害的反竞争约束，以及对消费者有利的、促进竞争的约束。

虽然合理原则通常优先于本身违法原则被考虑，但有些类型"本身就被认为是非法的"[⑦]，对这类行为就会简洁地采取本身违法原则，以对企业行为起到明确的引导作用，并避免诉讼成本的浪费，例如，横向固定价格协议[⑧]或横向分割

---

① Texaco Inc. v. Dagher, 547 U. S. 1, 5, 126 S. Ct. 1276, 164 L. Ed. 2d 1 (2006).

② State Oil Co. v. Khan, 522 U. S. 3, 10, 118 S. Ct. 275, 139 L. Ed. 2d 199 (1997).

③ Texaco, supra, at 5, 126 S. Ct. 1276.

④ Continental T. V., Inc. v. GTE Sylvania Inc., 433 U. S. 36, 49, 97 S. Ct. 2549, 53 L. Ed. 2d 568 (1977).

⑤ Copperweld Corp. v. Independence Tube Corp., 467 U. S. 752, 768, 104 S. Ct. 2731, 81 L. Ed. 2d 628 (1984).

⑥ Illinois Tool Works Inc. v. Independent Ink, Inc., 547 U. S. 28, 45-46, 126 S. Ct. 1281, 164 L. Ed. 2d 26 (2006).

⑦ Khan, supra, at 10, 118 S. Ct. 275.

⑧ Texaco, supra, at 5, 126 S. Ct. 1276.

市场[①]。一旦将某些特定行为适用本身违法，就不需要根据实际市场力量来研究这些行为的合理性，而是直接采取严厉的禁止态度。[②] 虽然本身违法原则对市场行为具有非常明确的引导作用，其管理成本也相对较低，但使用本身规则必须非常审慎，除非“总是或几乎总是倾向于限制竞争和减少产出”[③]。

一般而言，使用本身违法原则至少必须具备两个条件：一是该限制必须具有“明显的反竞争”效应[④]；二是对该行为的治理“缺乏补偿功效”[⑤]，即无法通过征税（费）的方式对受损方进行补偿。因此，只有在法院对所涉及的限制类型有相当丰富的经验后，并且只有当法院能够有把握地预测，合理规则对特定行为完全无效时，才可适用“本身规则”。[⑥]“当某些约束是在其经济影响尚未立即显现的商业关系背景下实施时，我们将不愿意采取本身违法原则来处置这些约束。”[⑦] 总之，“背离合理规则的标准必须以可证明的经济效果为基础，而不是……在形式主义的条文上”[⑧]。

在迈尔斯一案中，法院裁定制造商对转售价格的控制是非法的，其依据是普通法规则，即“对转让的一般限制通常是无效的”[⑨]。不过，法院依据1628年发表的一篇论文，认为RPM有利于经销商，而不是制造商，类似于相互竞争的经销商之间的合并，而这种合并是反垄断法所禁止的。特别是，迈尔斯案没有详细讨论促使一家制造商利用纵向价格限制的商业原因，因此，在丽晶案中，最高法

---

① Palmer v. BRG of Ga., Inc., 498 U. S. 46, 49 – 50, 111 S. Ct. 401, 112 L. Ed. 2d 349 (1990) (per curiam).

② Business Electronics Corp. v. Sharp Electronics Corp., 485 U. S. 717, 723, 108 S. Ct. 1515, 99 L. Ed. 2d 808 (1988).

③ Business Electronics, supra, at 723, 108 S. Ct. 1515.

④ GTE Sylvania, supra, at 50, 97 S. Ct. 2549.

⑤ Northwest Wholesale Stationers, Inc. v. Pacific Stationery & Printing Co., 472 U. S. 284, 289, 105 S. Ct. 2613, 86 L. Ed. 2d 202 (1985).

⑥ Broadcast Music, Inc. v. Columbia Broadcasting System, Inc., 441 U. S. 1, 9, 99 S. Ct. 1551, 60 L. Ed. 2d 1 (1979), 见 Arizona v. Maricopa County Medical Soc., 457 U. S. 332, 344, 102 S. Ct. 2466, 73 L. Ed. 2d 48 (1982).

⑦ Khan, supra, at 10, 118 S. Ct. 275; see also White Motor Co. v. United States, 372 U. S. 253, 263, 83 S. Ct. 696, 9 L. Ed. 2d 738 (1963).

⑧ GTE Sylvania, supra, at 58 – 59, 97 S. Ct. 2549.

⑨ 220 U. S., at 404 – 405, 31 S. Ct. 376.

院认为，迈尔斯案所依据的理论基础是习惯法规则中反对转让的“形式主义”的法律原则，而不是依据“可证明的经济效应”为其判决辩护。在丽晶案中，肯尼迪法官特别强调，“反垄断法关于当今美国经济中纵向分销限制的影响，不能以400年前甚至100年前的普通法来解决”①。

必须强调的是，迈尔斯案是在《谢尔曼法》颁布后不久做出的裁决，当时法院在反垄断分析方面几乎没有经验。事实上，仅在迈尔斯案8年后，本身违法原则就在一定程度上被最高法院在高露洁案中被放松。高露洁案规定，只要制造商提前公布建议的转售价格，就可以拒绝与降价的分销商打交道。② 高露洁的修改很明确地说明，迈尔斯案本身违法原则的一个前提是“协议”，因此，如果制造商与零售商之间没有“协商”这一事实，就不适用迈尔斯案本身违法原则，这与谢尔曼法强调的保护竞争并不一致。在之后的一些案件中，法院遵循普通法的做法，继续缓和、限制或推翻曾经严格禁止纵向限制的规定。在1977年，最高法院注意到“纵向限制的好处不应限于新进入者和倒闭公司的类别”，推翻了纵向非价格限制的本身违法规则，取而代之的是合理规则。③

继续朝着这个方向发展，在20世纪80年代的两起案件中，最高法院制定了法律规则，限制迈尔斯案的作用范围，并使之符合GTE Sylvania和Colgate所阐述的理论。在孟山都案中，法院要求反垄断原告必须提供证据，以排除制造商及其分销商以独立方式行事的可能性。虽然在该案中，Brennan法官拒绝迈尔斯案应该被推翻的观点，但法院的判决却没有明确RPM是否本身违法。Business Electronics一案进一步缩小了迈尔斯案的范围。法院认为，本身违法规则只适用于关于价格水平的特定协议，而不适用于制造商和经销商之间终止降价经销商的协议。1997年，在对纵向最高限价协议进行理论和实践评估后，最高法院推翻了由Albrecht v. Herald Co. 案所确立的一项长达29年的最高限价本身违法先例。

① GTE Sylvania, supra, at 53, n. 21, 97 S. Ct. 2549.

② Colgate, 250 U. S., at 307 – 308, 39 S. Ct. 465.

③ GTE Sylvania, 433 U. S., at 57 – 59, 97 S. Ct. 2549 [United States v. Arnold, Schwinn & Co., 388 U. S. 365, 87 S. Ct. 1856, 18 L. Ed. 2d 1249 (1967)]；参见433 U. S., at 58, n. 29, 97 S. Ct. 2549.

上述案例均表明，由迈尔斯所确立的 RPM 本身违法原则不断被削弱。

美国最高法院之所以不断对迈尔斯案所建立的本身违法原则进行修改，一个很直接的原因是，迈尔斯案本身并没有建立一个对 RPM 的反垄断分析框架，因而在对其他纵向约束案例进行分析时，它几乎没有什么经济意义。Colgate 和 GTE Sylvania 等案例允许制造商通过其他方法获得与纵向价格限制相关的竞争优势，但迈尔斯却没有把这些因素纳入分析。然而，对于特定的制造商来说，如果 RPM 较其他方法更有效率，禁止 RPM 的最终结果就是损害了消费者福利，因为制造商被迫从事次优选择，增高的成本最终还是要转嫁到消费者身上。除非本身违法原则能够正面回答上述问题，否则就不可避免地要受到质疑。

本身违法原则限制了 RPM 的使用，制造商就只能采取其他替代的方式，以实现类似于 RPM 所提供的利益。例如，制造商可以行使“高露洁原则”，拒绝与不遵循其建议价格的零售商交易，但这必须放弃来自零售商方面的有价值信息，否则陪审团可能会得出结论，其单方面的政策实际上是一项纵向协议，据此会面临 3 倍的损害赔偿和潜在的刑事责任，这种危险也会导致理性的制造商最终放弃 RPM，转而采用其他成本更高的措施，并导致消费者面临更高的价格。

三、RPM 及其替代方式的效率比较

RPM 是一种具有复杂经济效应的工具，也是一柄双刃剑。一个自然的思路是，如果有其他的简明替代方式能够替代 RPM，达到同样的效率结果，就可以考虑用替代方式来取代 RPM。因此，衡量 RPM 本身违法原则是否有必要被合理原则替代，有必要分析其他可能的方式对 RPM 的替代效应。

一体化。制造商与零售商是两个独立的利益主体，从各自的利益最大化角度来定价，往往会产生一些问题，如双重加价会造成定价损失。一种替代的办法是，根据所销售产品的类型，制造商可以通过一体化经营并将其产品直接销售给消费者，从而实现转售价格维持的竞争优势。在迈尔斯案中，法院将纵向整合和纵向协议的相对成本进行了比较，不过是基于本身规则，而不是基于真实的市场情况，认为前者更具吸引力。但事实上，科斯（1937）提出的著名的交易成本理

论已经很明确地说明，这种扭曲可能导致效率低下的整合（否则就不会发生），因此消费者必须再次承受次优分销策略的后果。并且，与纵向价格限制不同，一体化消除了所有的品牌内竞争。因此，一体化并不是 RPM 的完美替代品。

限定销售区域。使用 RPM 的一个原因是为了控制零售服务的外溢效应，可替代的方法是，制造商可以对分销商施加地域限制，只允许一个分销商在给定的地区销售其产品。经济学文献证实，这些纵向非价格约束的影响与 RPM 的影响相似，两者都能减少品牌内竞争，并能刺激零售商的服务。① 如果二者真的一样，就会产生一个悖论：横向市场划分和横向价格固定两者具有相似的经济效果，因而必须适用同样的法律标准（本身违法），纵向市场划分和纵向价格限制也具有相似的经济效果，显然也应该适用同样的法律标准。但为什么要对纵向市场划分采用的是合理原则，但对纵向价格采用本身违法原则呢？更何况，与 RPM 相比，限定销售区域对诱导所需服务的效率较低，而且通过消除价格和服务竞争，限定销售区域比 RPM 在减少品牌内竞争更甚。②

四、为什么合理原则会替代本身违法原则

（一）合理原则与本身违法原则的竞争性假说

在法和经济学文献中关于 RPM 的研究很多，发现 RPM 具有效率和妨碍竞争的理论和经验研究也不少。因此，究竟是使用合理原则还是本身违法原则，每一个都能找到支持其立场的资源。

1. 合理原则的支持性假说

最低转售价格维持可以通过减少品牌内竞争（即销售同一类型产品的相同品牌的零售商之间的竞争）来刺激品牌间的竞争（即销售同一类型产品的不同品牌的零售商之间的竞争）。促进品牌间竞争很重要，因为“反垄断法的主要目的

① Business Electronics, supra, at 728, 108 S. Ct. 1515; Monsanto, supra, at 762 - 763, 104 S. Ct. 1464; 另参见 Brief for Economists as Amici Curiae 17 - 18. Cf. Scherer & Ross 560。

② Brief for Economists as Amici Curiae 17 - 18.

是保护（这类）竞争”①。制造商使用垂直价格限制，往往会消除品牌内价格竞争；这反而会鼓励零售商投资于有形或无形的服务或促销努力，那些零售商会投资于精美的陈列室，提供产品演示，或者雇用和培训知识渊博的员工，② 以帮助制造商对抗其他竞争对手。限制最低零售价格实际上也可以给消费者更多的选择，如他们可以选择在低价位、低服务的品牌，或者高价位、高服务品牌，以及介于两者之间组合的品牌。而如果没有纵向价格限制，一些零售商就可以采取折扣战略，免费搭乘提供服务零售商的便车，然后从这些服务带来的需求增长中获取部分利润，但这最终会使整个品牌的服务供给不足。③

有些时候，消费者对产品缺乏足够的信息，他们在众多替代品牌中决定购买某产品的原因，可能是因为他们在一家以销售高质量商品而闻名的零售商中看到了这种产品（Marvel & McCafferty，1984），此时，高信誉的零售商对高质量产品的销售是有利的。但如果折扣店没有投资服务或开发一个质量信誉，其零售成本更低，消费者通过观察高质量零售商销售该产品这一事实，可以确认该产品的质量是高的，就可以放心去折扣零售商那里以低价格购买产品。而优质服务零售商因为折扣店会失去一些销量，这就迫使高服务零售商削减其服务水平，使其低于消费者希望获得的服务水平。最低转售价格维持缓解了这个问题，促使零售商之间就服务展开竞争。

此外，转售价格维持可以促进新公司和新品牌进入市场，从而增加品牌间的竞争。“新制造商和进入新市场的制造商可以利用这些限制，诱使有能力和积极进取的零售商进行资本和劳动力的投资，而这往往是分销消费者不熟悉的产品所必需的。”④ 随着制造商品牌知名度的提高，对零售商声誉的依赖“将会下降，因此转售价格维持作为新进入者的竞争手段，可能尤为重要”。新产品和新品牌对充满活力的经济至关重要，如果市场可以通过转售价格维持来渗透，就会产生

---

① Khan, 522 U.S., at 15, 118 S. Ct. 275.

② R. Posner, Antitrust Law, 172 – 173 (2d ed. 2001).

③ GTE Sylvania, supra, at 55, 97 S. Ct. 2549.

④ GTE Sylvania, supra, at 55, 97 S. Ct. 2549; see Marvel & McCafferty 349.

促进竞争的效果。

即使一些零售服务没有搭便车特征，这种服务也不必然会被提供。对于制造商来说，与零售商订立必须执行不同水平服务的合同条款，执行这种合同可能是困难的和低效的。但制造商可以通过最低零售价诱导零售商的业绩，并允许其利用自身的主动性和经验提供有价值的服务，为零售商提供有保证的利润，并威胁如果达不到预期就终止合作，这可能是扩大制造商市场份额的最有效方式（Mathewson & Winter，1998）。此外，在消费者需求不确定的情况下，转售价格维持可能有助于激励零售商储备足够的制造商产品库存（Deneckere，Marvel & Peck，1996）。

2. 本身违法原则的支持性假说

虽然设定最低转售价格的纵向协议可能有促进竞争的理由，但在其他情况下，它们可能会产生反竞争效应。对经营者而言，获取垄断利润是一种无处不在的诱惑，而 RPM 可以有利于制造商卡特尔，因而有可能成为卡特尔的组成部分。[①] 一个非法卡特尔会试图发现，是否有一些制造商在违反卡特尔的固定价格，而设定最低零售价格，有助于卡特尔确定那些降价制造商并进行惩罚，从而有利于卡特尔的稳定。

垂直价格限制也"可能被用于在零售商层面组成卡特尔"[②]。一群零售商可能串通一气，给消费者定好价格，然后迫使制造商协助这一非法安排，维持转售价格。该协议将阻止拥有更好分销系统和更低成本结构的零售商收取更低的价格。美国历史上的例子表明，美国药业零售协会就曾胁迫制造商签订 RPM（Marvel & McCafferty，1985）。此外，强大的制造商或零售商可能会利用其市场力量，滥用 RPM 妨碍竞争。例如，占主导地位的零售商可能会要求制造商实施最低零售价格，以阻止降低成本的零售创新。只要零售商的分销网络对制造商产品销售

① Business Electronics, 485 U. S. , at 725, 108 S. Ct. 1515.

② Business Electronics, supra, at 725 – 726, 108 S. Ct. 1515.

具有重要地位，制造商就可能别无选择，只能满足零售商对纵向价格限制的要求。① 同样地，具有市场影响力的制造商可能会利用转售价格维持机制，鼓励零售商不销售规模较小的竞争对手或新进入者的产品。② 理论和实践的证据都表明，RPM 的潜在反竞争后果不容忽视。

（二）RPM 竞争效应与反竞争效应的权衡

从上面的分析可以看到，建立最低转售价格的纵向协议可以产生促进竞争的效果，也可以产生反竞争的效果，这取决于它们形成的环境。Overstreet 注意到，在 1965～1982 年，联邦贸易委员会（Federal Trade Commission）提起的大多数执法行动中，“转售价格维持的使用不太可能是由成功胁迫供应商的串谋经销商推动的”；Ippolito（1991）也得出了类似的结论。

管理成本。在 GTE Sylvania 一案中，法院注意到“本身违法原则倾向于向商业界提供指导，并尽量减轻诉讼当事人和司法制度的负担”，事实上，RPM 被适用本身违法原则，很大的原因是该规则具有行政上的便利。③ 不过，本身违法原则降低管理成本只是成本收益等式的一部分，正如 Esterbrook 所说，严厉的处罚可能产生积极失误成本，一些本应该受到鼓励的促进竞争行为可能被扼杀，这会增加反垄断制度的总成本（Esterbrook，1984），正因如此，“行政上的优势本身并不足以证明制定规则的合理性”④。尽管行政成本确实是需要考察的一个重要因素，但这显然不是决定因素。在丽晶案中，最高法院强调，采用本身违法原则必须遵循传统的“苛刻标准”，任何可能的行政成本削减都不能单独证明迈尔斯案的规则是正确的。

价格效应。高的价格似乎对消费者总是不利的，因此，支持本身违法原则的一个重要的理由是，RPM 会导致制造商的产品价格更高。正如我们之前已经说

---

① 参见 Overstreet 31；8 P. Areeda & H. Hovenkamp, Antitrust Law 47（2d ed. 2004）（hereinafter Areeda & Hovenkamp）；cf. Toys “R” Us, Inc. v. FTC, 221 F. 3d 928, 937－938（C. A. 7 2000）。

② 参见 Marvel 366－368。

③ GTE Sylvania , supra, at 50, n. 16, 97 S. Ct. 2549.

④ GTE Sylvania, 433 U. S. , at 50, n. 16, 97 S. Ct. 2549.

过的，在少数基于美国零售价格变化的研究中，多数结果都认为，RPM 提高了市场零售价格水平。例如，Overstreet 发现，“价格调查显示转售价格维持在大多数情况下提高了所售产品的价格”，不过，Overstreet 认为，价格调查“不一定能告诉我们任何关于（转售价格维持）福利效应的确定性结论，调查结果似乎即符合促进竞争又符合限制竞争的理论”。因为，如果高的价格水平只是为了购买消费者所需要的零售服务，消费者福利就有可能会得到改善。而且，反垄断法的设计主要是为了保护品牌间的竞争，在逻辑上，有了竞争就会产生较低的价格，因而对消费者福利的衡量还是要看对竞争的影响。[①] 此外，如果 RPM 的目的是为了零售服务等效率目标，本身违法原则迫使制造商只能采取成本更高的替代措施（不是本身违法的）来控制转售价格，这反而会使价格提高，消费者福利受损。[②]

协议。一般来说，制造商和消费者的利益是一致的：给定批发价，零售价格越低，制造商利润就越高。制造商向零售商收取的价格与零售商向消费者收取的价格之间的差异代表了制造商分销成本的一部分，与任何其他成本一样，制造商通常希望将其最小化。[③] 如果提高零售价格只会使零售商从中获益，一个制造商就没有动机去这么做。品牌间的竞争会降低制造商竞争力和市场份额，因为消费者会用同一产品的不同品牌替代。因此，一般来说，只有“由于服务质量提高而需求增加……大大抵消零售价格上涨对需求的负面影响时”，单个制造商才愿意设定最低转售价格。事实上，制造商通过与零售商协调一致的许多行动都可能引起价格上涨，但却并不是反竞争的，也无须反垄断法进行干预。例如，制造商可以与不同的供应商签订合同，以获得更好的投入，从而提高产品质量；或者，它可能会聘请一家广告公司来提高其产品的知名度。然而，没有人会认为这些导致了更高价格的行动违反了反垄断法。反垄断法并不要求制造商生产消费者不知道或不想要的一般产品。制造商努力提高产品质量或推广自己的品牌，因为他们相信，尽管价格上涨，但这种行为将导致需求增加。转售价格维持也是如此。

---

① Khan, 522 U. S., at 15, 118 S. Ct. 275.

② Marvel 371.

③ GTE Sylvania, 433 U. S., at 56, n. 24, 97 S. Ct. 2549; see also id., at 56, 97 S. Ct. 2549.

市场势力。在给定的行业中，使用 RPM 的制造商的数量可以成为反映其动机的重要的指标。当只有少数缺乏市场力量的制造商实施 RPM 时，这种做法不太可能有利于一个制造商卡特尔，因为，该卡特尔很可能在竞争对手实施价格竞争时完全处于被动。同样，如果在竞争激烈的市场中只有一家制造商使用 RPM，那么零售商卡特尔也不太可能成立：品牌间的竞争将使消费者转向价格更低的替代品，并消除零售商从单一品牌定价协议中获得任何收益。相比之下，如果许多竞争对手采用这种做法，那么转售价格维持应该受到更仔细的审查。因此，除非相关实体拥有市场力量，否则一家制造商或零售商出于反竞争目的滥用 RPM 的可能性并不大。如果零售商缺乏市场力量，制造商可能会通过零售商的竞争对手销售产品。如果一家制造商缺乏市场力量，它就不太可能利用这种做法排除竞争对手。

实施主体。RPM 的发起者也是一个重要的考虑因素。如果有证据表明纵向价格约束是由零售商发动的，则这种约束更有可能有利于零售商卡特尔，或支持一家占主导地位、效率低下的零售商。[①] 相反，如果一家制造商采取了不受零售商压力影响的纵向约束政策，这种约束就不太可能是出于生产商卡特尔动机。[②] 制造商也有动机抗议低效率零售商发起的价格限制，因为这可能损害他的竞争地位。

失误成本。从 RPM 的反垄断历史看，直到 1975 年，在大多数州的公平交易法下，大部分时间里转售价格维持是合法的。同样值得注意的是，在这段时间里，“当（美国）的法律环境对（转售价格维持）最为有利时，只有一小部分制造商签订过（转售价格维持）合同”。“在［美国］的任何一年，从事［转售价格维持］的制造商不超过 1%，在消费品采购中所占比例不超过 10%”[③]“在美国零售销售的鼎盛时期，（转售价格维持）所涵盖的比例，据各种估计，从 4% 到 10% 不等”（Scherer & Ross，1990）。就消费者对廉价商品的需求而言，用合

① Brief for William S. Comanor et al. as Amici Curiae 7 – 8.

② Cf. Posner 177.

③ Overstreet 6; see also id., at 169.

理规则来治理纵向价格限制，并不会阻止市场提供这些商品。“S. S. Kresge（老的国民大卖场）在制造商享有最大自由的日子里蓬勃发展”，因为“折旧店提供许多顾客看重的价格和服务的结合”，而且“没有任何限制性交易的东西能威胁到消费者发现低价的能力”（Esterbrook，1984）；“在很大程度上，《消费品价格法案》的影响是难以察觉的，因为竞争的力量已经以他们自己的方式悄悄地废除了（之前的反垄断豁免）”（Scherer & Ross，1990）。用 Esterbrook 的话来说，合理原则可能引起的消极失误很小。

如果对上述因素的衡量仍然无法在合理原则和本身违法原则之间做出明确的取舍，这说明我们对 RPM 本身可能知之太少，选择合理原则更有利于对 RPM 本身信息的披露，有利于我们对 RPM 更准确地了解。合理规则的设计和使用是为了消除市场上的反竞争交易。在本身违法原则下，企业一般不需要提供其受损的具体信息，这使 RPM 对竞争的具体影响几乎总是在一个黑箱之中。一般而言，因 RPM 竞争限制而受到损害的一方，总是较其他各方对 RPM 的存在及其起作用范围具有更多的信息和资源，合理原则要求原告将这些信息披露出来，这有利于法院在这方面积累经验，建立合适的诉讼结构，以确保合理原则起作用，消除市场上的反竞争限制，并为企业提供更多的指导。例如，法院可以随着时间的推移制定条例来提供证据，甚至在有正当理由的情况下做出假设，从而使合理规则成为一种公平和有效的方式来禁止反竞争的限制，促进有利于竞争的限制。

在综合判断上述因素后，丽晶案得出了 RPM 适用合理原则的最终判断，推翻了长达百年的 RPM 本身违法原则。丽晶案之后，合理原则在联邦层面得到强化，2008 年，在 Spahr v. Leegin Creative Leather Products，Inc. 一案中，联邦地区法院同样使用了合理原则（Michael A. Lindsay，2009）。但是，在州层面，虽然丽晶案使很多州重新审视本身违法原则，但马里兰州成为第一个拒绝接受丽晶案的州，并明确通过法令强调，“以合同或合并或合谋的形式规定最低转售价格，并拒绝与低于这一价格的零售商交易，这一行为是违法的”①。2018 年 5 月 14 日，35 个州的检察官联名写信给议会议员，“丽晶案将鼓励制造商、批发商和零售商联手共同制定高价，这一恶果最终由消费者买单”②。2008 年 3 月，纽约、伊利诺斯、密歇根州的检察官对家具制造商 Herman Miller 实施建议零售价起诉，最终和解。丽晶案之后，美国一些资深反垄断执法官员认为，“丽晶案之后有很多问题仍然没有得到解答”，“现在面临的挑战是，如何辨别那些促进竞争 RPM 和妨害竞争的 RPM”（Gundlach，2010）。

第四节　转售价格维持提高了价格水平吗：对美国 RPM 制度演变的实证考察

从美国的 RPM 反垄断历史演变历程看，RPM 经历了合法—违法多次反复，且变动剧烈；从各国对 RPM 的制度设计看，也是宽严不一，差别很大，这在反垄断政策上是极为少见的，在对其他垄断行为，如卡特尔、兼并、滥用支配地位，反垄断政策均没有出现像 RPM 这样剧烈的变化和明显的分歧。究其根源，还是因为对 RPM 究竟是好还是坏，一直存在争议。

虽然对特定条件下的 RPM 的具体效应需要具体分析，但通常，存在一个简明的识别标准，即 RPM 是否明显地提高了市场价格水平。竞争会降低价格，如果 RPM 具有明确的反竞争效应，最终会反映在一个上升的价格水平上。但是，要在真实的市场环境中识别出 RPM 的价格效应非常困难，因为影响价格的因素很多，我们必须非常谨慎地判断，价格的变化是由 RPM 引起的，还是由其他影响引起的。

---

① MD. CODE ANN.，COM. LAW § 11 - 204（a）（1）（2009）.

② Alan M. Barr, State Challenges to Vertical Price Fixing in the Post - Leegin World, Federal Trade Commission, FTC Hearings on Resale Price Maintenance（May 21, 2009）.

从 1933 年加利福尼亚州开始，美国许多州采用了适用于州内商业的公平贸易法，RPM 开始在有限的范围内被允许使用，但在涉及州际贸易的商品交易中仍然属于本身违法。直到 1937 年，美国国会通过了“米勒—泰丁法案”，为各州提供了在其境内合法化 RPM 的选择权。正如之前所述，随后美国通过了一系列法律，不断强化了 RPM 的合法地位。美国这种独特的法律结构使得在美国历史上，同一时期，RPM 在一些州合法，在另一些州不合法，或者同一个州在某一时期合法，在另一时期不合法，这就为从横向的或纵向的角度比较 RPM 的价格效应提供了可能。

一个比较自然的想法是，比较对 RPM 实行不同法律制度的相邻市场，观察他们之间的价格差异。在对一河之隔的堪萨斯州堪萨斯城和密苏里州进行研究后，Marvel 和 McCafferty（1986）发现，一些药品连锁店在允许 RPM 的堪萨斯州堪萨斯城，其价格较一河之隔密苏里州要高出 22.8%。通过比较圣路易斯的价格和附近的伊利诺伊州公平贸易商店的价格，也得到了类似的结果。在实施公平贸易法的巴尔的摩和里士满的电器价格差异，与实施自由贸易的华盛顿特区相比甚至更大，达到 35% 以上。罗德岛州在废除公平贸易法后，9 种产品系列中有 4 种产品价格下降，且这些产品下降相当可观，从 20% 到 40% 不等。议会的研究机构（Congressional Research Service，CRS）估计，实施 RPM 至少提高了 10% 的价格水平，仅 1974 年对消费者产生的额外成本就达到 8.7 亿元，该估计也作为 1975 年废除 Miller 法案的依据之一。美国总统经济办公室对 1969 年的消费者损失估计达到 15 亿元。上述研究结果似乎都表明，无论是否具有确凿反竞争效果，RPM 确实导致了价格水平上升。

不过，对 RPM 的经验研究也并不是一边倒的结果。Ostlund 和 Vickland（1940）研究了公平贸易法对零售药业的价格影响。在这一研究里，研究者向零售商进行问卷调查，对抽取的 50 种药品在实施 RPM 之前和之后的价格进行比较。他们的研究结果是，RPM 在整体上并没有提高价格水平。在其调查结果里，当 RPM 引入后，人口数量大于 10 万的城市地区的价格上升，但在所有人口小于 10 万的地区，除连锁店外的药店价格均下降了。其中，在人口 10 万 ~ 100 万的城市中的小药店的价格下降幅度居中。对于小零售店价格下降，一些学者将此归因于这些药店将价格调整到制造商建议的水平，但实际上，这种解释还是很乏力，因为这些小零售店面临的竞争激烈程度明显下降了，降价有违经济学的基本常识。

至少在当时，上述对价格的研究使得包括政策制定者在内的多数人都相信，RPM 导致了价格上涨。但是 Marvel 和 McCafferty（1986）认为，RPM 引起价格上涨这一研究结论并不具有说服力。如果制造商产品的零售是需要 Telser（1960）所说的那种售前服务，而且服务又是需要零售商事前固定投入的，制造商就只有通过 RPM 才能保证零售商有足够的利润，以补偿售前服务的固定投入。但在有一部分州实施 RPM、另一部分州不实施 RPM 的情况，在相同的批发价格下，前者的 RPM 价格必须高于批发价格，以保证对服务成本的补偿，而后者的竞争市场价格就是批发价格。如果产品需求对服务越敏感，价格弹性越低，则实施 RPM 和未实施 RPM 的两个地区的价格差别就越大。因此，仅仅比较 RPM 是否导致价格水平上升，而不考虑价格上升后服务水平的变化及其对消费者的福利影响，有失偏颇。

为什么在 Ostlund 和 Vickland（1940）的数据里，RPM 会导致有些零售店价格上涨，而有些零售店价格下降？Marvel 和 McCafferty（1986）认为，这是因为 RPM 政策在一部分州实施，在另一部分州被禁止，这种反垄断政策的结构性差异会对不同法律制度下的企业的定价产生重要的影响。以下我们参考 Marvel 和 McCafferty（1986）的模型，解释 RPM 对价格产生的影响。

给定向下倾斜的市场需求曲线，厂商会有一个最优的定价p^*，如果厂商能够实施 RPM，则最低价格下限也为p^*。在零售商完全竞争状态下，制造商设定批发价 $w=p^*$，则其利润为：

$$\pi_n = p^* q(p^*) \tag{1}$$

假定零售服务水平 s 能够提高消费者需求，但需要前期投入成本 as，且 s 具有搭便车特征。给定制造商批发价为 $w=0$，制造商以固定费 T 收取全部利润，则零售商利润为：

$$\pi^s = (p - w)q(p, s) - as - T = 0 \tag{2}$$

由$\frac{\partial \pi^s}{\partial s}=0$，$\frac{\partial \pi^s}{\partial p}=0$，可知最优的价格和服务水平。特别地，最优的价格仍然为p^*。最优的服务水平s^*由$(p^* - w)q(p^*, s)\frac{\partial q(p, s)}{\partial s} = a$决定，$w^* = p^* - a/q(p^*, s)\frac{\partial q(p, s)}{\partial s}$，$w^* < p^*$。

当然，由于搭便车问题的存在，零售商之间很可能会发生不投入s，而是降价来吸引竞争对手顾客的行为，因此，在搭便车问题下，p^*并不是一个均衡解，而是w^*，从而最优的s^*无法实现。因此，在搭便车问题存在时，厂商会直接设定批发价$w = p^*$。如果能够实施RPM，制造商设定最低零售价格下限$\overline{p} = p^*$，批发价$w = w^*$。显然，在上述情况下，RPM并没有提高价格水平，区别只是在于，在RPM下，批发价更低。

如此，我们能够得到一个有趣的结论：如果所有的地区都实行RPM，或者所有的地区都禁止RPM，企业的定价水平在两种状态下是完全一样的，只是批发价不同而已。二者的区别在于，如果实施RPM，制造商就会降低批发价，以激励零售商之间的零售服务竞争，这意味着消费者也没有为零售服务买单，因而总体社会福利是增加的；如果禁止实施RPM，制造商就会直接设定批发价$w = p^*$，此时，由于零售市场是完全竞争的，产品的零售价格仍然为p^*，但没有零售服务提供，市场需求低于有RPM时的状态。

在美国，不同地区对RPM的司法制度宽严不一，这也会对价格产生影响。假定一个地区分为两类，A类地区允许RPM，B类部分地区禁止RPM，两类地区的比例为$\Phi/(1-\Phi)$。在B类地区，零售商之间的价格竞争使得零售利润为零（因此该地区零售商会拒绝接受T，两部收费也无法实施），零售服务水平s也为零。这样，在B类地区，零售价格和批发价格相等。制造商在B类地区的利润函数为：

$$\pi^B = (1-\Phi)(w - c)q(w) \tag{3}$$

制造商在A类地区的利润函数为：

$$\pi^A = \Phi[(w-c)q(\bar{p}, s) - as] \tag{4}$$

制造商的全部利润为：

$$\pi^s = \Phi[(w-c)q(\bar{p}, s) - as] + (1-\Phi)(w-c)q(w) \tag{5}$$

A 类地区每个零售商的利润为：

$$\pi^{RA} = (\bar{p} - w)q(\bar{p}, s) - as - T = 0 \tag{6}$$

如果制造商要最大化 B 类地区利润，则 $w = p^*$，但此时 A 类地区的零售服务水平为 $s = 0$，如果要最大化 A 类地区的利润，则 $w = 0$，B 类地区的利润完全失去。我们首先设想一种极端的情况，即 Φ 很小，此时 B 类地区的利润占比很大，任何降低 w 的行为都会导致整体利润下降，此时，降低 w 就是不经济的。但是，在保持 w 不变的情况下，制造商可以通过提高 $\bar{p}$，激励 A 类地区零售商提供服务 s，实现总利润增加。因此，$\frac{\partial \bar{p}}{\partial \Phi} < 0$。相反，如果 Φ 很大，则 B 类地区的利润占比很小，制造商就越有激励降低 w 来提高 s 的水平。因此，$\frac{\partial w}{\partial \Phi} < 0$。

图 1－1 很清楚地显示了结构性 RPM 反垄断政策的价格影响。当 A 类地区占比 Φ 为 100% 时，市场的价格水平为 p^*（同时批发价也最低），当 B 类地区占比 $1-\Phi$ 为 100% 时，市场的价格水平也为 p^*（同时批发价也为 $w = p^*$）。随着 Φ 降低，制造商会不断提高 A 类地区的价格，同时提高批发价。

上述理论分析为美国在 RPM 被禁止后所出现的差异化价格变化现象（Ostlund & Vickland，1940）给出了一个很好的解释。如图 1－1 所示，虚线将两类地区分割，A 类地区的价格为 $\bar{p}(\Phi) > p^*$，B 类地区的价格为 $w(\Phi) < p^*$。如果法律全面禁止实施 RPM，则所有地区的价格均为 p^*，即 A 地区的价格下降，B 地区的价格上升。或者，如果之前 RPM 是被全面禁止的，则市场价格为 p^*，如果法律允许 A 类地区实施 RPM，则 A 类地区价格上升，B 类地区价格下降。

对于一些人口较少的地区，只能容纳一家零售店，则该地区零售商面临的竞争很弱，因而也不存在搭便车问题，该地区的零售商会倾向于提供零售服务；而在人口稠密的城市，零售竞争比较激烈，搭便车问题严重，如果没有 RPM，该地区的零售价就是批发价。此时，厂商的批发价接近但小于p^*是一个更合理的假设，因为大城市的市场份额对厂商来说很大。而具有一定市场势力的小零售商在较高的批发价下，仍然有动力提高零售服务水平，零售服务成本则通过提高零售价格来补偿。因此，在没有 RPM 时，小城市的价格更高，但大城市的零售价格更低。一旦允许实施 RPM，则制造商会规定统一的固定价格p^*，以及较之前更低的批发价格，此时，从市场的价格波动看，就会出现大城市的药店价格上升，小城市的药店价格下降。这就很好地解释了美国 30 年代 RPM 合法化后，大城市的零售折扣店的价格上涨，但小百货店的价格却下降的问题。

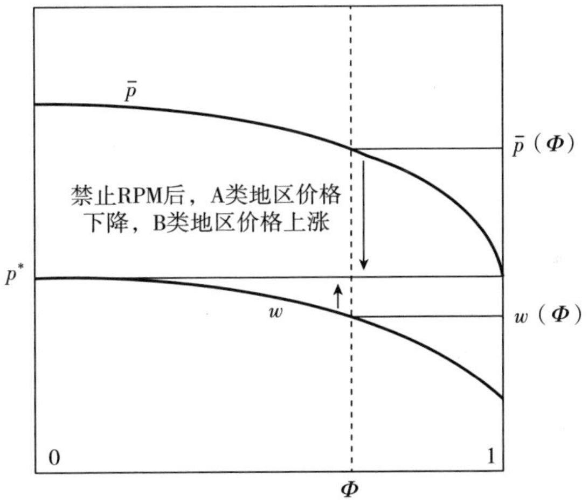

图 1－1　RPM 的合法程度与最低限价关系

因此，在给定条件下，RPM 本身并不会引起价格水平上升，而是地区间的 RPM 司法制度差异会导致价格上升。因此，比较实施 RPM 后不同地区间的价格水平，并不能对客观评估 RPM 的价格效应。即使 RPM 在全国层面被同时禁止，比较 RPM 实施前后的价格趋势也是极不准确的。因为，制造商实施 RPM 会激励一些事前的投资（如品牌保护、广告等），当价格下降后，这些投资仍然在一段时间内发生作用，因此，需求量会上升，直到事前投资的需求效应完全耗尽。因此，以比较是否实施了 RPM 的不同地区或不同时期的价格水平，作为评价实施

RPM 与没有 RPM 的依据，是不准确的。

第五节　各国转售价格维持制度

一、北美

加拿大和墨西哥与美国相邻，并与美国签订了北美自由贸易协定（NAFTA），这两个国家在很多方面都与美国有相似之处，其 RPM 反垄断制度也不例外。

（一）墨西哥

墨西哥竞争法在 2006 年进行了修订，对最低转售价格维持以及最高转售价格维持提供了一个基本的判别规则。其在《联邦经济竞争法》（LFCE）中规定，当某一行为、合同或组合能有效设定分销商或供应商在营销、分销商品或者提供服务时应遵守的价格或其他条件时，即认为存在相对垄断行为。但要被认定为是违法，还需要证明该行为必须存在以下两个构成要素：

（1）责任方在相关市场拥有相当大的市场势力。

（2）在相关市场上，责任方对相对应的商品或服务进行协同。

墨西哥的法律进一步确定了相关市场需要考虑的因素，包括产品的可替代性、市场准入条件、政府限制和成本考虑。确定一个经济主体是否拥有强大的市场力量，应该评估的因素有：市场份额、进入壁垒、获得投入服务的途径、竞争对手的力量和竞争对手的表现。

图书贸易是墨西哥特别关注的一个零售业。2005 年，联邦竞争委员会（CFC）发布了一项修改竞争法的提案，旨在推广阅读，促进图书销售。该提案允许出版商和进口商协商确定书籍的单一零售价格（OECD，2006）。该提案经审议通过后生效。

（二）加拿大

与墨西哥相比，加拿大对 RPM 态度更加苛刻。《经济学人》（Economica）上的一篇文章指出，加拿大是第一个无条件禁止 RPM 的国家（1951 年 12 月 28 日）（L. A. Skeoch，1964），然后通过对亏损领导者销售的详尽调查来遵循禁令。《加拿大竞争法案》（Canada's Competition Act，CCA）规定，“产品供应商通过协议、威胁、承诺或任何类似手段，试图向上影响或阻止其他人降低产品售价的行为，属于刑事犯罪”。法律还禁止任何供应商因交易相对人实施低价策略，拒绝向交易相对人提供产品或实施任何方式的歧视。① 更严厉的是，对那些虽然没有明确的证据证明行为人向交易相对人建议了固定价格协议，但只要能够推断交易相对人接受了固定价格，《加拿大竞争法案》也将对此类行为进行制裁。

同时，《加拿大竞争法案》也对 RPM 给出了一些例外豁免，例如零售商以该产品作为“损失领导者”（Loss Leader），或者零售商有意图进行误导性广告时，制造商在上述情况下对零售价格的限制将可以得到豁免。

在加拿大，CCA 对产品的定义非常宽泛，这其中就包括了特许经营权。由于《加拿大竞争法案》对 RPM 的严厉态度，无论是否有合理的商业理由，特许人都很难影响特许经营者的价格（Chris Hersh & Larry Weinberg，2008）。甚至有学者认为，《加拿大竞争法案》对 RPM 无论好坏，一律禁止（Devlin，2009）。例如，快餐店特许人可以在美国（如底特律）和墨西哥的加盟商做广告，或提供包括价格在内的菜单，但如果他们在加拿大这样做，可能会被提起刑事诉讼（如在温莎和安大略省）。

加拿大也曾试图协调美国和加拿大关于 RPM 的竞争法制度。2008 年 6 月，加拿大竞争政策审查委员会（Canadian Competition Policy Review Panel，CCPRP）受加拿大政府委托，负责审查加拿大的竞争和外国投资政策，并提出改进建议。在经过一年的审查后，CCPRP 发布报告，其中一项建议是重新修订《竞争法》，包括废除过时或无效的定价规制制度。② 这份报告引发了数百条评论，其中包括

① Canada Competition Act, R. S. C. , c. C－34, s. 1, § 61 (1) (a) (1985) .

② COMPETITION POLICY REVIEW PANEL, COMPETE TO WIN: FINAL REPORT－JUNE 2008 1, available at http: //www. ic. gc. ca/eic/site/cprp－gepmc. nsf/vwapj/Compete _ to _ win. pdf/$ File/Compete _ to _ Win. pdf.

美国司法部和联邦贸易委员会的评论。在丽晶案之后，美国和加拿大在对等RPM的规制上已经具有非常大的差异，但令人惊讶和费解的是，美国司法部官员的评论信中完全没有涉及RPM。事实上，在提交给委员会的数百封评论信中，只有一家加拿大律师事务所对RPM进行了评议。[①] 这也许从另一方面反映了对RPM究竟应该采取何种规制模式，对大多数人来说仍然没有好的答案。

二、欧盟国家

根据《欧盟运行条约》第101条（原《欧共体条约》第81条）第（1）款规定，"所有可能影响成员国间的贸易，并以阻碍或扭曲共同市场内的竞争为目的或有此效果的企业间协议、企业协会的决议和一致行动，均被视为与共同市场不相容而被禁止"。

1. 英国

在英国，主要的竞争法是1998年的《竞争法》(Competition Act) 和2002年的《企业法》 (Enterprise Act)。[②] 后者创建了公平交易办公室（Office of Fair Trading，OFT），并完成了英国并购制度的改革[③]。前者是英国竞争法通则，它取代了英国的几部竞争法[④]。《竞争法》第1章明确规定，禁止直接或间接确定买卖价格或任何其他交易条件的协议或做法。

OFT在执行RPM反垄断方面的一个成功案例是孩之宝玩具（Hasbro）案，

① See CASSELS, BROCK & BLACKWELL LLP, SUBMISSION TO THE COMPETITION POLICY REVIEW PANEL (Jan. 11, 2008), available at http://www.ic.gc.ca/eic/site/cprp-gepmc.nsf/vwapj/Cassels_Brock_Blackwell.pdf/$FILE/Cassels_Brock_Blackwell.pdf (explaining that the Leegin decision put the Canadian approach to RPM at odds with that of the U.S.).

② See Peter Freeman, Deputy Chairman, Competition Common, Lecture at the Law Society European Group's Lord Fletcher Lecture: UK Competition Law after Modernization 10 (Mar. 15, 2005), available at http://www.competition-commission.org.uk/our_role/speeches/pdf/freeman_lord_fletcher_lecture_150305.pdf.

③ Press Release, Office of Fair Trading, New Competition and Consumer Law Responsibilities for OFT: OFT Launches Guide to Enterprise Act (Nov. 8, 2002), available at http://www.oft.gov.uk/news/press/2002/pn_74-02; Department for Business Enterprise & Regulatory Reform, Enterprise Act, http://www.berr.gov.uk/whatwedo/businesslaw/enterprise-act/index.html (last visited Apr. 2, 2009).

④ See Competition Act, 1998, c. 41, pt. 1, ch. 1 (Eng.) (replacing the Restrictive Practices Court Act, the Restrictive Trade Practices Act, the Resale Prices Act, and the Restrictive Trade Practices Act).

该案件涉及一项 Hasbro 与 Littlewoods 和 Argos（当时英国两家最大的目录零售店）之间的达成关于产品转售价格的协议[①]。此外，Hasbro 还与其他 10 家经销商签订了价格固定协议。2002 年 11 月，Hasbro 因后一项协议被罚款近 500 万英镑，但由于 Hasbro 提供了针对这两家零售商的证据，Hasbro 原可能被处以逾 1500 万英镑罚款，被减免到零。而 Littlewoods 和 Argos 因为他们与 Hasbro 的 RPM 协议被罚款总计近 2300 万英镑。2007 年 2 月，英国上议院上诉委员会拒绝了 3 家公司对该案件原判的上诉请求，并维持 OFT 的起诉和罚款。[②]

目前，围绕图书分销中的 RPM 实践的一些争议仍在继续，英国 OFT 发布了一份停止禁止图书 RPM 对其生产力影响的评估报告。欧共体禁止了荷兰与佛兰芒（Flemish）图书贸易协会之间达成图书销售的 RPM 协议，该协议曾在 1984 年得到法院的支持。著名的英国净利图书协议（Net Book Agreement）早在 1900 年就已在英国和爱尔兰的图书出版商之间生效，并被长期使用，1992 年，英国最高法院（Court of Justice）以技术上的理由推翻了一项诉讼，使得几家大型出版商退出该协议并停止为其图书设定净利价格后，该协议最终于 1995 年秋季被完全废弃。[③]

2. 法国

法国竞争国家法最初于 1986 年通过，并载于 2000 年编纂的《商法典》第四卷。[④] 根据法国的法律，最低 RPM 既被视为被禁止的不公平贸易行为，也被视为

---

① Decision of the Office of Fair Trading, No. CA98/8/2003, Agreements Between Hasbro U. K. Ltd, Argos Ltd and LittlewoodsLtd Fixing the Price of Hasbro Toys and Games, Case CP/0480 – 01 (Nov. 21, 2003), available at http: //www. oft. gov uk/shared_oft/ca98_public_register/decisions/hasbro3. pdf [hereinafter Hasbro].

② Press Release, Office of Fair Trading, House of Lords Rejects Appeal in Price Fixing of Toys and Games and Replica Football Kit Cases (Feb. 7, 2007), available at http: //www. oft. gov. uk/news/press/2007/17 – 07.

③ Marianne MacDonald, Collapse of Net Book Agreement, Within Months "Collapse", THE INDEPENDENT (UK), Dec. 26, 1994, http: //www. independent. co. uk/news/ uk/collapse – of – net – book – agreement – within – months – collapse – 1388530. html (stating that Net Book Agreement dated from 1898); OECD Policy Roundtable, supra note 22, at 109 (explaining how that agreement, which bound UK and Irish booksellers, was abandoned in 1995).

④ CODE DE COMMERCE [C. COM.] bk. IV (Fr.); OECD, France—The Role of Competition Policy in Regulatory Reform, at 5, OECD Doc. DAFFE/COMP (2003) 7 (2003), available at http: //www. oecd. org/dataoecd/52/60/31415943. pdf (describing the development and history of France's competition policy).

滥用支配地位，是违法的。①在法国版的英国孩之宝案中，法国竞争委员会以纵向价格协议为由，于2007年12月对5家制造商（包括孩之宝和乐高），以及3家分销商（包括法国家乐福）处以37000万欧元的罚款。②在涉及一家法国最大的隐形眼镜经销商的特许经营制度的案件中，法国竞争委员会认定，特许经营者设计了复杂的折扣计划，使得加盟商在制定零售价格时很难将折扣考虑在内，以达到法国法律禁止的最低RPM安排。③

3. 西班牙

与其他几个欧盟成员国一样，西班牙也通过王室法令将欧盟对垂直限制的注册豁免纳入竞争法④。2000年，西班牙竞争保护法庭（Spanish Court for the Defense of Competition）对两家国有石油公司及加油站零售商实施包括RPM在内的限制性协议进行了处罚。在西班牙，药品和书籍的RPM享有豁免权（Marjorie Holmes & Clara Cerdan，2005）。

三、其他国家

1. 澳大利亚

根据澳大利亚的竞争法，RPM属于本身违法⑤。1974年《澳大利亚贸易惯例法》（The Australian Trade Practices Act，TPA）明确规定，公司或其他人不得从

---

① CODE DE COMMERCE [C. COM.] art. L. 420 – 1 (Fr.). In the Interflora case, the imposition of uniform prices on members through the use of catalogues by the French division of the world's largest floral delivery network was considered unlawful. OECD, FRANCE: COMPETITION LAW AND POLICY IN 2000, 10 (2001), available at http://www.oecd.org/dataoecd/52/58/39554000.pdf. In addition, exclusivity clauses imposed on florists were considered as an abuse of a dominant position, given Interflora's position in the flower market. Id.

② Sudip Kar – Gupta, France Fines Toy Firms Total of 37 Million Euros, REUTERS, Dec. 20, 2007, http://www.reuters.com/article/companyews/idUSL2061849020 071220.

③ Conseil de la Concurrence decision no. 00 – D – 10, Apr. 11, 2000.

④ OECD, Annual Report on Competition Policy Developments in Spain, at 7, OECD Doc. DAFFE/COMP (2002) 27/06 (Oct. 15, 2002), available at http://www.meh.es/Documentacion/Publico/SEEconomia/Defensa%20de%20la%20Competencia/Memorias/A nnual%20Report%20Competition%202001.pdf.

⑤ OECD Policy Roundtable, supra note 22, at 19.

事转售价格维持，且无须考虑 RPM 对竞争的影响。根据 1993 年的 Hilmer 报告①，在 1995 年，竞争政策改革法案（Competition Policy Reform Act，CPRA）对《澳大利亚贸易惯例法》的 RPM 协议做了修订，此法案涵盖了服务，并授权澳洲竞争及消费者委员会（ACCC），可以对其认为能够产生公共利益的 RPM 予以反垄断豁免。② CPRA 的修订还规定了 RPM 本身违法的两种适用除外的情形：①建议转售价格协议，如果行为人明确表明该行动仅为建议；②当经销商以低于成本价格销售产品时（例如，损失领导者）。③

ACCC 在起诉 RPM 当事人方面一直非常积极。茱莉蔻国际（Jurlique International）是一家高档护肤品、化妆品和草药产品的制造商和销售商，2007 年，澳大利亚布里斯班联邦法院对茱莉蔻国际处以 340 万美元的罚款④。同年，澳大利亚对 Navman Pty LTD 处以 125 万澳元的罚款，该公司为澳大利亚各地的经销商提供船舶、个人和车内导航设备。⑤ 2008 年，澳大利亚皮划艇和帆船生产商 Hobie Cat Australasia Pty Ltd 被判处 16.8 万美元的罚款。⑥

与多数国家不同，澳大利亚对图书行业也禁止使用 RPM。曾经一家主要图

---

① INDEP. COMM. OF INQUIRY, NATIONAL COMPETITION POLICY REVIEW (1993), see generally Brebner, supra note 19; John Freebairn, Competition Policy: Some Neglected Issues in the Hilmer Report, 28 AUSTL. ECON. REV. 27 (1995).

② See Competition Policy Reform Act, 1995, § 16 (Austl.). The list of — public benefits includes assistance to small business, promoting efficiency and industrial rationalization, and positive effects on employment. Julie Brebner, Resale Price Maintenance – The Need for Further Reform, 9 TRADE PRAC. L. J. 19, 21 (2001), available at http: //julieclarke. info/publications/2001rpm. pdf.

③ OECD Policy Roundtable, supra note 22, at 30 – 31.

④ Press Release, Austl. Competition & Consumer Common, Highest Ever Penalty For Resale Price Maintenance Against Skincare, Cosmetics Company Jurlique: $3.4Million (Feb. 8, 2007), available at http: //www. accc. gov. au/content/index. phtml/itemId/780091.

⑤ Press Release, Austl. Competition & Consumer Common, Navman Penalised $1.25 Million for Resale Price Maintenance (Dec. 21, 2007), available at http: //www. accc. gov. au/content/index. phtml/itemId/806701/fromItemId/776481.

⑥ Press Release, Austl. Competition & Consumer Common, Hobie Cat Australasia Pty Ltd Penalised $168000 for Resale Price Maintenance (Mar. 28, 2008), available at http: //www. accc. gov. au/content/index. phtml/itemId/814387/fromItemId/810627. Hobie Cat admitted to having included in its dealership agreements terms prohibiting dealers from selling or advertising its products at prices less than those of recommended retail prices or less than 90 percent of those prices. Id.

书供应商向当时的澳大利亚竞争法庭（Australian Competition Tribunal）提出申请，要求免除对其与一些规模较小的公司合作的RPM协议的贸易限制，尽管在申请之前不久，英国就批准了RPM禁令的豁免，但澳大利亚并没有效仿，而是拒绝了该申请。

2. 日本

RPM被视为一种不公平和限制性贸易行为，受到日本《反垄断法》第19条禁止。应当特别注意的是，根据该法的第3条，纵向约束不被视为共谋活动。①日本《反垄断法》第23条规定，对于（1）供日常消费者使用的商品及（2）存在自由竞争的商品，如果商品的统一质量容易识别，经由公平贸易委员会指定后，可以对该类商品的RPM禁令的豁免。豁免指定的商品必须以通知方式作出。书籍出版商是特别豁免的，因此创建了一个书籍的RPM系统。

当可以保持网络的统一性，并为消费者的选择提供便利时，日本公平贸易委员会（Japan Fair Trade Commission，JFTC）将在必要时允许建议零售价格②。尽管如此，JFTC有过针对垂直定价发出停止和终止指令的历史。还应注意的是，JFTC于1983年颁布了一项关于将反垄断法适用于特许经营制度的法令，该法令指出，考虑到市场的特殊性，加盟商必须能够采取自己的定价政策。根据1991年颁布的指导方针，采取任何人为措施使经销商以供应商的指定价格出售，此类行为将被视为转售价格维持，属于非法行为。

四、中国

中国在2008年颁布《中华人民共和国反垄断法》。中国《反垄断法》在对等RPM的态度上与欧盟的做法保持一致，其中第十四条明确规定，“禁止经营者与交易相对人达成下列垄断协议：（一）固定向第三人转售商品的价格；（二）限

---

① See generally John O. Haley, Marketing and Antitrust in Japan, 2 HASTINGS INT'L & COMP. L. REV. 51, 52-53, 62 (1979).

② OECD, COMPETITION POLICY AND VERTICAL RESTRAINTS: FRANCHISING AGREEMENTS 101 (1994), available at http://www.oecd.org/dataoecd/34/53/1920326.pdf.

定向第三人转售商品的最低价格；（三）国务院反垄断执法机构认定的其他垄断协议”。因此，RPM 在中国是本身违法的。不过，《反垄断法》第十五条也给出了一些适用除外的条件。整体上，《反垄断法》对 RPM 使用本身违法，适用除外。值得一提的是，《反垄断法》对其他纵向约束均采取的是合理原则。

在《反垄断法》颁布约 5 年之后，中国反垄断执法机构开始对 RPM 进行治理，但从执法机构的判决意见看，执法机构还是存在比较大的差别。在 2013 年，发展改革委对两家著名酒企茅台、五粮液实施 RPM 进行了处罚。贵州省物价局发布的公告称“2012 年以来，贵州省茅台酒销售有限公司通过合同约定，对经销商向第三人销售茅台酒的最低价格进行限定，对低价销售茅台酒的行为给予处罚，达成并实施了茅台酒销售价格的纵向垄断协议，违反了《反垄断法》第十四条规定，排除和限制了市场竞争，损害了消费者的利益”。从该判断看，发展改革委采取了严格的本身违法原则，强调的是 RPM 客观存在即构成了处罚前提。在 2013 年锐邦诉强生案中，上海市高级人民法院的判决认为，“对于《反垄断法》第十四条所规定垄断协议的认定，不能仅以经营者与交易相对人是否达成了固定或者限定转售价格协议为准，还需要进一步考察此等协议是否具有排除、限制竞争效果”。“只有在实际产生难以克服、难以抵消的限制竞争效果时，限制最低转售价格协议才应被认定为垄断协议。”[①] 显然，上海市高级人民法院主张对 RPM 使用合理原则。但在 2018 年海南高级人民法院对裕泰公司案的判决中，则明确强调，对纵向价格协调无须再进行“是否具有排除限制竞争效果”的二次验证，[②] 两个判例遵行的原则明显冲突。

---

① 上海市高级人民法院：北京锐邦诉强生公司纵向垄断协议纠纷判决书，上海市高级人民法院民事判决书，（2012）沪高民三（知）终字第 63 号。

② http：//www. capitalip. org/news_detail_13431. html.

第二章　转售价格维持反垄断分类治理原则

第一节　引言

制造商往往与零售商签订协议，对产品的零售价格进行限制（转售价格维持，RPM），既有可能是一种效率改善的合约设计，也有可能是妨碍市场竞争的垄断工具，这种复杂性使得我们很难基于合约本身的内容来判断其好坏，而必须结合实施主体的意图、实施的后果等更多的证据，才能做出客观判断。由此引申出一个关键问题，提供证据的成本高昂，应该如何合理地在原告或被告之间分配举证责任呢？现有的史料表明，这是一个极为重要却仍然充满争议的难题。

一般而言，各国对 RPM 的反垄断治理基本规则有两种：合理原则或是本身违法原则[①]。两种原则都承认，RPM 有好有坏，但对好坏的比重认识不同。要区分出某一 RPM 是好或坏，可以有两个基本的模式：或者证明其是好，或者证明

① 在 Newman v. Universal Pictures, 813 F. 2d 1519, 1522 - 1523 (9th Cir. 1987) 一案中，法院认为本身违法原则“免除原告证明反竞争效果的负担，反竞争效果被假定存在”。

其是坏，二者选一即可，无须重复浪费举证成本。并且，为节约反垄断管理成本，如果市场中 RPM 多数是好的，“证好”的成本显然就更高，因而应该选择“证坏”；反之，如果市场中 RPM 多数是坏的，则应该选择“证好”。

合理原则的内在逻辑是“证坏”，即原告有责任向反垄断机构提出证据，证明被告实施 RPM 对市场竞争会产生实质性的妨碍，否则，该 RPM 就不应该受到禁止或其他处罚。与合理原则相对，本身违法原则的逻辑是“证坏”，据此原则，原告通常只需证明 RPM 行为存在即可，而被告则必须证明实施 RPM 是基于效率目的而非反竞争目的。事实上，无论在何种规则下，都不意味着 RPM 是必然合理或必然违法的，只是合理原则将举证责任配置给了原告，本身违法原则将举证责任配置给了被告。在 19 世纪 30 年代之前，美国的理论和司法界的主流观点认为，RPM 在整体上是有损市场竞争的，这一倾向导致了著名的迈尔斯案判例（1911），确立了 RPM 本身违法原则。

由于 RPM 的复杂性，任何一方要证明其是“好”或“坏”都极其不易，因此，举证义务的配置在很大程度上决定了 RPM 的事实法律地位，研究表明，在合理原则下，原告胜诉的可能性微乎其微。另外，一旦 RPM 被宣布违法，企业也不太可能向公众为 RPM 进行效率辩论，因为如果他们这么做，就意味着主动邀请政府或其他个体对他们进行 RPM 诉讼。正如 Easterbrook 指出的，“一旦一个实践被宣布为违法的，企业更可能的是在诉讼中辩称，它没有从事这一行为，而不是辩称，‘是的，我们做了，因为它是有效的’”①。确实，在 Ippolito 对 1976～1982 年的 203 起 RPM 案例研究中，没有任何被告尝试发起效率辩护。总之，在本身违法原则下，为了避免诉讼产生的成本及不确定性，市场主体会极力避免使用 RPM。也就是说，无论是选择哪一种规则，都不可避免会有一些负面作用。

从 RPM 发展历史上，RPM 反垄断规则选择这一问题极具分歧。美国是世界上最早实施反垄断法的国家，并于 1911 年通过迈尔斯案确立了 RPM 本身违法原则。但是从 19 世纪 30 年代开始，一些新的低价零售模式如连锁店、折扣店等开

① Easterbrook, Frank H., “The Limits of Antitrust.” Texas Law Review, August 1984, 1–40.

始出现，并对传统中小零售业产生很大冲击，中小零售商协会开始要求制造商实施 RPM、保证零售价格卡特尔的稳定性，以防止新零售模式的冲击，并不断游说议会，要求允许实施 RPM。当时中小零售商具有很强的政治势力，最终使议会通过了米勒—泰丁法案等一系列法案，有 44 个州承认 RPM 的合法地位。但即便如此，仍然有几个州坚持对 RPM 持本身违法原则。到 60 年代，理论界和司法部门的分歧逐渐加大。一方面，随着 Telser（1960）服务理论的提出，越来越多的经济学家已经倾向于认同，RPM 具有效率的功能；另一方面，这些效率假说被司法界认为只是“没有事实依据的理论猜想”，特别是，在司法部门组织的一项调查研究中发现，实施了 RPM 的州的价格水平较未实施 RPM 的州的价格水平至少高出 10%，增加了消费者的成本。最终，反对 RPM 的声音最终占了上风，到 1976 年，美国全面废止了之前支持 RPM 的法案，法院重新回到了迈尔斯案（1911）本身违法原则立场。而在此后，支持 RPM 具有效率的理论证据不断丰富，特别是 McCafferty（1986）等在理论上证明，对之前 RPM 引起零售价格水平上涨的证据是错误的，使得人们之后对 RPM 效率方面的认识不断深入。在 2007 年的丽晶案，美国最高法院判定丽晶公司胜诉，在联邦层面重新确立了合理原则。但丽晶案并不意味着美国司法界对 RPM 的反垄断治理达成了共识：虽然一些州紧跟着采取了合理原则，但也有一些州（如马里兰州）通过设立成文法，明确规定 RPM 为本身违法。总之，无论从历史演变看还是从现状看，美国对 RPM 的反垄断治理都充满争议和矛盾。

我国 RPM 反垄断治理的历史不长，但也同样面临着上述理论与实践困难。我国《反垄断法》第十四条规定，禁止“固定向第三人转售商品的价格”及“限定向第三人转售商品的最低价格”等纵向价格协议，同时，《反垄断法》第十五条规定上述协议属于某些特定情形时不适用第十四条的规定。然而，在反垄断法司法过程中，对上述规定存在不同的适用逻辑进而导致案件不同裁判的情况并不少见。从司法角度看，上海市高级人民法院在“北京锐邦涌和科贸有限公司诉强生（中国）医疗器材有限公司案”、克莱斯勒汽车案等案件审理中，明确认为 RPM 应该适用本身合理原则，[①] 但海南高级人民法院在——案件的判决书中，强调对 RPM 应该适用本身违法原则。[②] 可见，高等法院之间对 RPM 的适用法律原则存在明显的分歧。事实上，从最高级人民法院对 RPM 的司法解释来看，似乎也对该问题的回答采取了暂时搁置的态度，表明最高级人民法院对该问题仍然处于观察的态度。学术界的分歧则更加明显，一部分学者明确支持采用本身违法原则（时建中，2018；王健，2014），也有部分学者认为应该采用合理原则（兰磊，2016；丁茂中，2017）。总之，国内对 RPM 的反垄断原则适用问题仍然存在很多悬而未决的困惑。

2018 年确定的国家党政机构改革方案，明确将原反垄断执法职责划归国家市场监督管理总局。为减少反垄断法实施实践中的纷争，为统一高效反垄断执法体系建立“指南针”和“钢牙利齿”，2019 年国家市场监督管理总局先后颁布了“10 号令《禁止垄断协议暂行规定》”等三个暂行规定，其中“10 号令”第十二条、第十三条意在强化执法机构对纵向价格协议的执法权。但从内容上看，这两条规定虽然较之前有了细化，但仍然沿袭了本身违法规则，并没有为之前所述困惑提供解决思路。

仔细回顾中外 RPM 的反垄断演变历史，我们可以发现，RPM 治理原则的反复摇摆，实际上就是合理原则和本身违法原则的反复替代，两种原则互不兼容。其原因在于，RPM 被视为一种特定的行为，而对某一特定行为一以贯之地以一种原则予以规制几乎毋庸置疑，因而，我们似乎只能在本身违法原则和合理原则之间进行二选一。

本章对 RPM 对竞争的潜在危害进行再分类，我们发现，合理原则和本身违法原则可以同时存在，并对 RPM 进行分类规制。通过对与横向垄断协议相关的 RPM 采取本身违法原则，对“可疑”的纵向 RPM 实施合理原则，可以节约反垄

① 参见上海市高级人民法院民事判决书（2oia）沪高民三（知）终字第63 号。参见上海市物价局行政处罚决定书第 2520140077 号。

② 海南省物价局与海南裕泰科技饲料有限公司物价行政处罚纠纷案（以下简称“裕泰案”），海南省高级人民法院（2017）琼行终 1180 号行政判决书。

断治理成本，是一种更为符合 RPM 反垄断实质精神的效率选择。从这一理念出发，我们构建了一个对 RPM 分类治理的规制框架。

第二节　合理原则与本身违法原则的治理成本比较

正如霍温坎普（2018）所指出的，“反垄断政策应致力于减少反竞争行为带来的社会成本”，这种社会成本包括两个独立的成分：其一是反竞争的价格提升或产出减少行为带来的社会净成本；其二是运行执法体系的管理成本，包括错误成本。因此，给定某一类 RPM 对价格或产出的影响，从而给定第一种社会成本，究竟是选择合理原则或是本身违法原则，取决于二者的执法成本比较。

执法成本包括两大类：一是执法体系的运行成本，包括执法体系的固定成本，如执法人员多少、执法基础设施如办公场所、执法设备等，还包括执法体系的可变成本，如调查费、差旅费、交通费等，这类成本主要取决于执法的频次。二是反垄断执行产生的失误成本，包括积极失误成本和消极失误成本（Easterbrook，1984）。积极失误成本是指由于反垄断制度有可能把一些有效率的企业行为错误地禁止，因此产生的效率损失；消极失误成本是指由于反垄断执法体系不能把一些损害市场竞争的垄断行为及时禁止，使得这些行为在市场继续存在并损害市场竞争所导致的损失。

对 RPM 的反竞争行为诉讼主要来自两个理由：一是生产商或零售商实施价格卡特尔；二是阻止潜在有效率的进入者。这两种妨碍竞争行为的一个共同特征是，其妨碍竞争的损害后果往往是由多个个体承担，存在“集体行动”困难。例如，卡特尔引起的市场损害可能很大，但由众多消费者分摊后，每一个消费者受到的损害额就很小，加之卡特尔的形式通常都不是普通消费者所能观察到的，因此，单个的消费者往往既没有利益驱动，也没有专业能力收集证据，所以对卡特尔提起诉讼。对于后者即阻止进入，潜在的竞争者是实际的受损者，但潜在的进入者可能不止一个，因此，仍然存在“集体行动”难题，并且，如何让一个尚未进入市场的竞争者证明其受到了实质性的损害，本身就存在逻辑困难。由于上述特点，个体的诉讼（举证）成本很可能高于个体所能得到的诉讼收益，在合理原则下，原告需要承担举证责任，这会导致民事主体诉讼意愿不足。反垄断制度解决这一问题的一个举措是，由执法机构行使社会利益代理人职责，对反竞争行为提起诉讼。这似乎可以解决“集体行动”困难，但在合理原则下，举证成本将由反垄断执法机构承担，这必然要求一个规模更为庞大的执法主体，以及更高的执法成本，并且，逐案审理对法院的审判资源也会提出更高的要求。总之，由于 RPM 反竞争行为的特殊性质，本身违法原则的运行成本要远低于合理原则下的运行成本。

另外，本身违法原则和合理原则下的失误成本存在很大的差异：在本身违法原则下，积极失误成本较高，消极失误成本较低，而在合理原则下则相反，积极失误成本较低，而消极失误成本较高。这是因为，在本身违法原则下，原告的诉讼成本很低，被告任何对市场竞争的妨碍行为都会以极大的概率被提起诉讼，因此，对市场竞争有害的行为很容易被发现和诉讼，对有害行为的威慑力也很强，消极失误成本会很低。但是，原告诉讼成本过低会引起“诉讼过度”问题，即即使被告行为妨碍竞争可能性很低，原告也可能提起诉讼，甚至出现“恶意诉讼”问题，即一些竞争对手只是出于其他策略性目的对竞争对手提起反垄断诉讼。如此，为了避免高昂的举证成本和不确定的诉讼烦恼，在本身违法原则下，企业会尽可能避免使用 RPM，即便这些 RPM 的使用完全出于效率需要，从而积极失误成本相应会很高。

选择合理原则的制度成本为：

$$C_{reason} = c_{reason} + \gamma(1 - \emptyset) C_{\mathrm{II}}$$

选择本身违法原则的制度成本为：

$$C_{perse} = c_{perse} + \beta\emptyset\, C_{\mathrm{I}}$$

其中，c_{reason} 为合理原则下的执法运行成本，c_{perse} 为本身违法原则下的执法运行成本，由于合理原则下诉讼必然较高，因此，我们合理地假定$c_{reason} > c_{perse}$。$\varnothing$为某一行为具有效率的概率，则其妨碍竞争的概率$1-\varnothing$，我们假设在本身违法原则下，企业为避免陷入诉讼纠纷将以β的概率不实施该类行为，不实施该类效率行为产生的积极失误成本为C_{I}；在合理原则下，企业将以γ的概率继续实施该类行为，实施该类反竞争行为产生的消极失误成本为C_{II}。根据 Esterbrook（1984），我们假定$\beta C_{\text{I}} \geqslant \gamma C_{\text{II}}$。

图2－1显示不同治理原则的成本与 RPM 违法概率的关系。当 RPM 违法概率$\varnothing < \varnothing^*$时，$C_{perse} < C_{reason}$，使用本身违法原则的成本更低；当$\varnothing > \varnothing^*$时，$C_{perse} > C_{reason}$，应该使用合理原则。

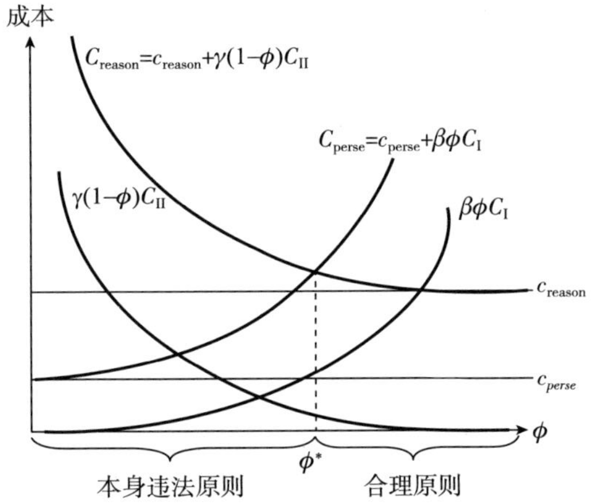

图2－1　治理原则与违法概率

至此，我们构建了一个规范的 RPM 反垄断规制原则选择分析框架，这一框架也很好地诠释了当前对 RPM 适用法律原则的争论焦点：主张实施本身违法原则的学者，强调的是 RPM 的反竞争性，即$\varnothing < \varnothing^*$，而主张合理原则的学者则强调 RPM 的效率性，即$\varnothing > \varnothing^*$。对于某一特定行为，上述观点不可能同时正确，但是，如果 RPM 本身仍然能够进行细分为两大类i和$-i$，若$\varnothing_i > \varnothing^*$和$\varnothing_{-i} < \varnothing^*$同时存在，则我们就可以合理地推论：对$i$类型的 RPM 行为实施合理原则，对

$-i$类型的 RPM 行为实施本身违法原则。如此，我们不仅为有效治理 RPM 构建了一个合理的规制框架，而且也为长期存在的“治理原则之争”给出了合理的理论解释和调和。

我们已经初步构建了一个新的 RPM 反垄断治理理念：选择本身违法原则或是合理原则，并不是非此即彼，而是可以同时存在。当然，这一理念能否应用于具体的反垄断政策选择，取决于一个关键性的前提：我们是否能够对 RPM 进行区分，进而对$\emptyset^*$予以甄别。接下来，我们将对 RPM 进行具体的细分。

第三节　基于竞争关系的 RPM 分类及其反竞争效应

在 RPM 的反垄断历史上，对 RPM 采取本身违法原则，源于反垄断法“固定价格协议”本身违法传统。因此，分析 RPM 是否会损害竞争，首先必须分析“固定价格协议”本身违法。

固定价格协议本身违法源自谢尔曼法第 1 条，“所有限制州际或对外商业贸易，以托拉斯或其他形式组成联合，签订合同或秘密协议的都属于违法行为”。谢尔曼法并没有规定具体的反竞争行为形式，但给出了识别垄断行为的要旨：是否限制市场竞争，这是识别垄断协议的一个核心标准。我国《反垄断法》也保持了这一精神实质。例如，我国《反垄断法》第十三条明确规定，“禁止具有竞争关系的经营者达成下列垄断协议”，就是对垄断协议本身违法的精确表达：垄断协议损害竞争的一个前提是，协议各方具有竞争关系。

原则上，禁止具有竞争关系的经营者就价格达成协议，源于经济学对企业竞争行为研究。经济学研究表明，因为对价格或产量进行合谋能够获得较竞争时更大的利润，因此，允许企业价格协议几乎必然会内生地损害竞争。正如亚当·斯密在《国富论》中所指出的，“即使在娱乐中，同一行业的从业者也很少碰面，而他们一旦碰面就意味着策划针对大众的阴谋，或是抬高价格的诡计”。（亚当·斯密，1776）因此，对具有竞争关系的（即横向的）经营者所签订的固定价格协议实施本身违法原则，几乎被所有实施反垄断法的国家认可。在美国的反垄断历史很长一段时间内，横向价格协议和纵向价格协议均被视为“固定价格”，属于本身违法。

事实上，尽管横向的价格协议几乎必然会损害市场竞争，侵害消费者福利，但到目前为止，经济学研究并没有对纵向价格协议给出类似的结论。形式上，RPM 是供应链上下游所签订的价格协议，但上下游之间并不具有竞争关系，或者是，协议的双方之间并不存在垄断的利益动机。但是，由于协议往往直接或间接涉及多个生产者或者零售商，而这些生产者或零售商是具有竞争关系的，正如 Rey 和 Stiglitz（1988）所说，竞争的对手可以利用 RPM 成为一个“反应器”，产生协同效应，妨碍竞争。因此，纵向协议是否会对市场竞争造成损害，关键在于其是否会影响横向竞争。

一个简明的思路是，既然对竞争的妨碍与否是划分垄断协议的核心，那么，我们就应该从 RPM 涉及的竞争关系着手进行分析。竞争关系可以简化为最基本的两种类型：生产者竞争和零售商竞争。从完备性的角度看，RPM 包含以下几种类型：①固定价格仅仅涉及上下游双方，即一个上游生产商与某一个零售商签订 RPM 协议；②RPM 涉及多个上游生产商；③RPM 涉及多个下游零售商；④RPM涉及多个上游生产商与多个下游零售商。我们分析在没有横向垄断协议的情况下，不同类型的 RPM 对生产者竞争和（或）零售商竞争的关系及影响。

1. 完全单向 RPM VS 品牌间竞争（情形Ⅰ）

我们首先研究类型①，即完全单向 RPM。完全单向 RPM 是指，价格协议仅仅涉及一个上游生产商和一个下游零售商。我们排除掉上游和下游都是垄断者的情况，该协议不可能存在反竞争效应，因为市场中本来就不存在竞争。我们可以用一个简单的例子来说明，完全单向 RPM 时不可能产生协同垄断行为。

假设两个上游生产商 U_1 和 U_2，分别通过两个下游销售商 D_1 和 D_2 销售。在无 RPM 时，均衡的批发价和零售价分别为 W_i 和 P_i。厂商的博弈时序为：在第一阶段，U_i 之间竞争，给出 w_i，向 D_i 给出批发价 w_i；在第二阶段，D_i 之间竞争。在竞争时，零售商的利润最大目标函数为：

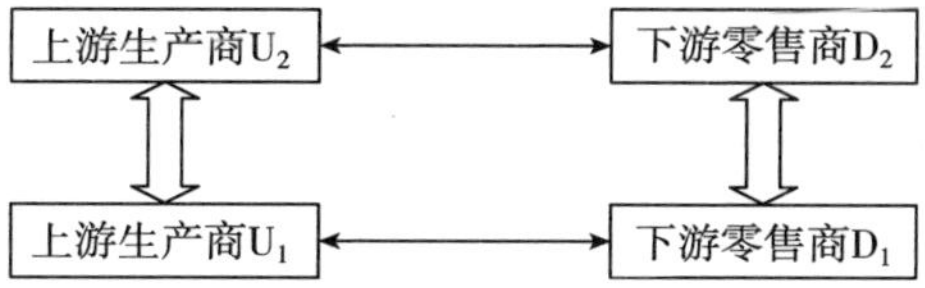

图 2－2　单向 RPM

$$\pi_{D_i} = (P_i - w_i)q_i(P_i,\ P_j) \quad (1)$$

制造商利润最大化目标函数为：

$$\pi_{U_i} = w_i q_i(P_i,\ P_j) \quad (2)$$

对（1）式、（2）式求最大，可得最优的P_i^*，w_i^*。$P_i^* > w_i^*$。

在零售商横向合谋时，厂商利润最大化目标函数为：

$$\pi_{D_i} + \pi_{D_j} = (P_i - w_i)q_i(P_i,\ P_j) + (P_j - w_j)q_j(P_j,\ P_i) \quad (3)$$

（1）式决定了最优竞争均衡价格P_1^*和P_2^*，（2）式决定了合谋定价P_1^c和P_2^c，显然，$P_i^* < P_i^c$。由于我们假定不存在横向合谋，给定上游厂商批发价，零售商之间的竞争决定了均衡价格P_1^*和P_2^*。给定P_2^*，产品 1 之间无论如何签订价格协议，最终的固定零售价格都将设定为P_1^*。如果产品 1 设定价格P_1^c，则厂商 2 可以设定价格$P_1^c - \varepsilon$（ε 为任意小的一个数），获得产品 1 的消费者，导致产品 1 联合利润下降。因此，只要产品之间的横向竞争存在，纵向的价格协议不会改变竞争均衡价格。

推论 1.1：单向 RPM 不影响横向竞争关系，不存在反竞争效应。

我们接着讨论，当上游生产商之间存在横向垄断协议时，RPM 是否具有反竞争效应。这里必须说明的是，虽然上游生产商之间签订横向垄断协议本身是违法的，但这显然不能推断，该生产商的其他行为也是违法的，除非我们能够证明这两者之间存在必然的因果关系。在理论上，Telser（1960）给出了 RPM 作为协同行为限制、排除竞争的一种情形：帮助横向合谋的稳定。由于合谋之间的各方缺乏互信，合谋各方很难知道价格的波动是由于市场需求变化引起的，还是由于合谋对手机会主义行为降价引起的，这使合谋往往是不稳定的。但是，如果合谋的生产商与下游零售商签订最低价格协议，就相当于向合谋者给出了一个可信的不降价承诺，从而有助于垄断协议的稳定。Telser（1960）的观点得到了后继研究的支持（Partrick，2004）。

在理论上，即便生产商之间存在横向垄断协议，生产商也可能出于效率目的来使用 RPM，但即便如此，一旦垄断协议存在，则任何一方或多方实施 RPM 所依据的就只能是合谋价格，并且必然会对该合谋价格起到稳定作用。例如，如果合谋价格为 PC，任何一方规定的最低限价都不可能高于 PC，否则将在竞争中处于不利地位；并且，任何一方规定的最低限价也不能低于 PC，因为这会违反垄断协议；因此，最低价格下限只能是 PC。因此，无论使用 RPM 的客观目的如何，客观上都会强化垄断协议。

上述分析同样适用于两个零售商之间存在垄断协议的情形。

推论 1.2：如果 RPM 的任何一方被证实参与了横向垄断协议，则 RPM 适用本身违法原则。

2. 一个上游厂商 VS 多个下游零售商（情形Ⅱ）

当 RPM 上游只有一个厂商，下游涉及多个零售商时，与单向 RPM 时不同，此时，零售商之间存在竞争关系。因此，我们需要分析，RPM 是否会对零售商之间的竞争产生影响。

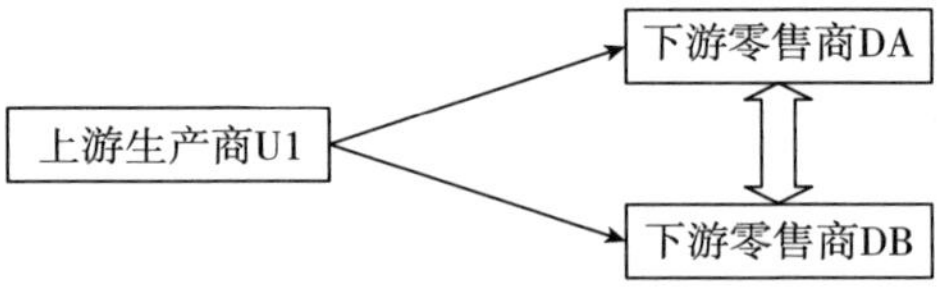

图 2－3　下游品牌内竞争

假定制造商 1 的产品由两个价格竞争的零售商销售，则由于零售商价格竞争，$w_1 = P_1$，制造商 1 的利润函数为：

$$\pi_{U1} = w_1 q_1(P_1, P_2) = p_1 q_1(P_1, P_2) \tag{4}$$

最优的解由（1）式和（4）式决定，均衡的价格为P_1^{**}，w_1^{**}，P_2^{**}，w_2^{**}。很容易知道，$P_1^{**} < P_1^{*}$，$P_2^{*} < P_2^{**}$，$w_1^{**} > w_1^{*}$。同时，产品 1 的零售商利润为零。很显然，无论制造商如何设定最低零售价格，始终要受到产品 2 的竞争约束，即其价格不能高于P_1^{**}。因此，只要品牌间竞争存在，制造商主导的 RPM 并不会提高市场零售价格。

但是，如果 RPM 的发起者是零售商，则情况就完全不同：控制零售价格竞争对零售商存在潜在的好处。例如，如果零售商可以基于某些条件（例如：零售商具有一定的零售品牌势力，如果拒绝销售该产品，会导致该产品的销量绝对下降），对制造商要求一个低的批发价，但一旦有利润，两个零售商之间就会基于产品进行价格竞争，要求制造商与零售商制定最低零售价格P_i^{*}，可以避免零售商之间的价格竞争，使零售双方都能在一个更高的价格水平上经营并获得经济利润，从而产生反竞争效应。例如，Foros 等（2017）发现，苹果 APP 在其具有平台优势时，会使用自主定价模式，但是在平台竞争激烈时，会选择使用内容（产品）生产商定价 + 利润分成模式，并且实行 RPM，达到限制平台间价格竞争的目的。

如果考虑零售商之间的异质性，由零售商主导的 RPM 也同样具有反竞争效应。很多时候，零售商具有自己的品牌，如沃尔玛、家乐福等，消费者在购买商品时，既会考虑产品的价格，也会考虑对零售商的偏好。同样价格的产品，消费者会更愿意选择在那些具有品牌优势的零售商那里购买，那些没有品牌优势的零售商就只能通过价格竞争来争夺顾客。因此，竞争均衡是，品牌零售商以高价格吸引一部分消费者，非品牌零售商以低价格吸引一部分消费者。这就是我们为什么能够看到，同样的产品在不同零售商的价格下有高有低的一个重要原因。如果有势力的零售商与制造商签订最低零售价格合同，非品牌零售商就失去了与品牌零售商竞争的价格工具，就将不断被淘汰，并且，市场的零售价格水平也将显著高于实施 RPM 之前，消费者利益也受损。因此，由零售商主导的 RPM 不仅会限制零售市场的价格竞争，而且，会不利于非品牌的中小零售商生存，品牌零售商的市场势力会越来越大。

推论 2：当一个产品由多个零售商销售时，零售商主导的 RPM 会削弱零售商之间横向竞争，降低消费者福利。

RPM 作为零售商层面垄断协议的一部分，在美国历史上曾经产生广泛的影响和争议，并对 RPM 反垄断执法产生深远的影响。19 世纪 30 年代，为了对抗来自新兴零售业低价格的严厉冲击，美国的传统零售业协会要求协会成员制定最低零售价格，形成价格卡特尔。但新兴零售体的降价仍然严重威胁协会的价格协议，而且协会本身无法惩罚降价的新兴零售体，因为他们本身并不是协会成员。因此，零售业协会要求产品生产商实施全面的最低零售价格协议，对以低于规定价格销售产品的包括新兴零售商在内的所有零售商停止供货，以惩罚那些违反卡特尔协议的成员。事实上，很多生产商本身并不愿意实施 RPM，对不执行 RPM 的生产商，零售商协会通过要求全体会员拒绝销售其产品，从而迫使生产商就范。

3. 多个上游生产商 VS 单个下游零售商（情形Ⅲ）

尽管一个上游生产商主导与多个下游零售商签订 RPM 不具有垄断效果，如果多个上游生产商分别与下游零售商签订最低零售价格协议，由于多个上游生产商之间存在竞争关系，因此，我们必须考察，RPM 是否会对上游生产商之间的竞争关系发生影响。多个具有竞争关系的产品仅由一个下游零售商销售的情况，在现实中很难见到。但为了分析的完备性，仍然有必要对这一情况予以专门分析。

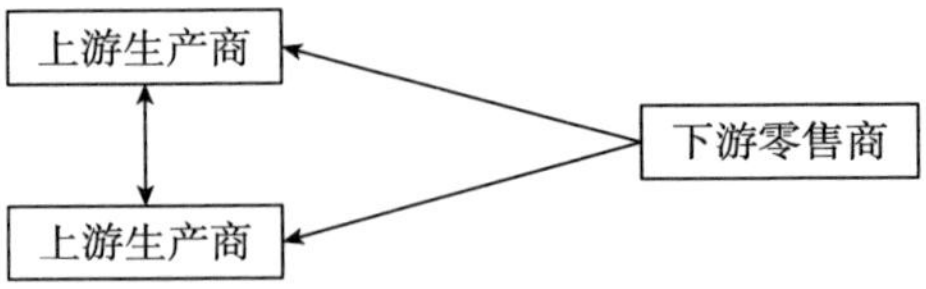

图 2－4　上游品牌间竞争

首先，如果上游生产商之间是竞争的，没有垄断协议，则上游生产商与下游零售商签订最低零售价格协议，不会产生妨碍横向竞争的作用。此时，制造商利润函数仍然由（2）式决定，零售商的利润函数为：

$$\pi_D = (p_1 - w_1)q_1(P_1, P_2) + (p_2 - w_2)q_2(P_2, P_1) \quad (5)$$

注意到，（3）式与（5）式相同，零售价格为P_i^c，制造商基于零售商价格制定批发价w_1，w_2；注意到，由于零售商定价是根据两种产品的联合利润最大定价，该价格高于两个零售商竞争定价时的P_i^*，制造商要设定任何高于P_i^c的零售价只会使自己和零售商的利益都受到损失，而设定低于P_i^c的零售价格又没有任何意义。

在 Telser（1960）那里，如果上游厂商之间存在合谋，如合谋批发价格为w_{1c}，w_{2c}，则有相应的零售价格为p_{1c}，p_{2c}，如果厂商 1 给予零售商低的批发价$w_{1c}-\varepsilon$，零售商也会相应降低p_{1c}，消费者则会购买更多的 1 产品。因此，为了保证合谋价格有效，两个厂商向下游零售商约定最低零售价格，会有助于合谋协议的稳定。

推论 3：当上游产品之间存在竞争，且产品由同一个下游零售商销售时，RPM 有助于上游厂商之间合谋。

4. 交叉关系（情形Ⅳ）

如果产品 1、产品 2 分别由下游两个零售商销售，则称之为交叉关系。交叉关系中嵌入了类型Ⅱ和类型Ⅲ。

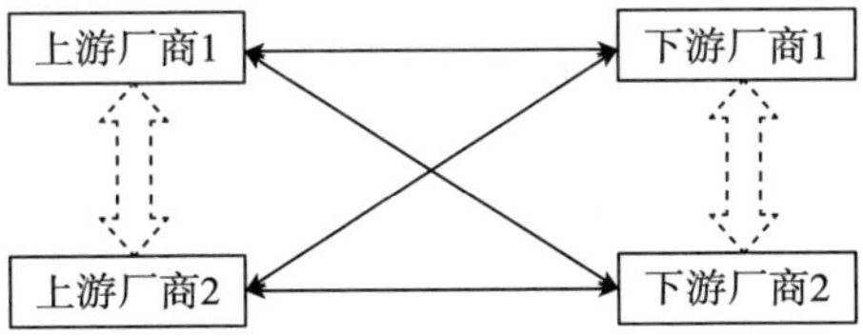

图 2－5 交叉关系

在交叉关系中，既涉及上游之间的横向竞争关系，又涉及下游零售商之间的横向竞争关系，情况变得更为复杂，但我们仍然能够从其基本的关系类型中得到一些有价值的信息。

首先，我们看推论 2 在交叉关系中是否仍然成立。与Ⅱ型关系相比，另一个厂商的产品也由两个零售商销售，我们需要考察，推论 2 是否仍然成立。由于我们假定上游厂商之间是竞争的，因此，我们需要关注的是，零售商对厂商 1 的产品进行最低价格限制，形成卡特尔效应，是否会因为产品 2 的竞争而改变。引入产品 2 后，零售商面临两种选择：或者对 2 实施合谋定价，或者对 2 也实施竞争定价。如果对产品 2 实施竞争定价，则产品 1 会因为定价过高处于劣势，产品 1 会拒绝实施 RPM，市场将重新回到竞争状态，零售商将失去全部的垄断定价利润。如果对产品 2 也实施合谋定价，则两个零售商会获得垄断定价利润。因此，只要零售商对一个产品实施了 RPM，则另一个产品无论是否签订了 RPM，实际上都会处于垄断定价状态。

推论 4.1：交叉关系中，零售商实施 RPM 会导致零售商合谋定价。

在Ⅲ型关系中，零售商之间不存在竞争，其本来就具有产品的定价权，其激励是完全的，因此，制造商发起 RPM 并不能影响零售商定价。在排除了纵向价格约束的合法性基础后，RPM 的影响更可能是横向的，因而被视为本身违法。但在交叉关系中，零售商之间也存在竞争，因此，需要重新检验，制造商实施 RPM 的目的是对零售商竞争（纵向）的干预，也还是对上游（横向）竞争的干预。

我们首先分析，如果上游生产商之间没有明确的垄断协议，制造商是否会有激励干预零售商价格竞争，以及其后果。现有的理论研究成果表明，对这一问题的回答存在正反两个方面多个解释，我们将在第三章做具体的介绍。从现有的研究结论看，很难给出一个是或不是的结论，因而对这一类型的行为，应该适用合理原则。

但是，如果上游生产商之间存在垄断协议，则推论 1.2 仍然适用，这一点，可以通过比较Ⅲ型关系和交叉关系得到。在交叉关系中，下游存在零售商竞争，如果上游厂商 1 降低其批发价，则两个零售商降低该产品的零售价格的激励较Ⅲ型关系时更强，因为给定另一个零售商降价而自己不降价，产品 1 的消费者则会全部被另一个零售商吸引走。也就是说，在交叉关系中，某一个上游产品生产商对产品降价，对卡特尔协议会产生更为严重的后果，因而，更需要 RPM 来维系卡特尔的稳定。并且，该 RPM 设定的价格一定是高于市场竞争水平的。

推论 4.2：在交叉关系中，只要上游生产商之间存在合谋行为，则 RPM 必然损害市场竞争。

对交叉关系的进一步比较可以发现，对生产商实施的 RPM 适用本身违法原则并不合理。因为，在逻辑上，如果以 RPM 有利于卡特尔而禁止 RPM，则意味着，横向卡特尔就一定存在，反垄断执法机构就应该沿着这一线索继续对实施 RPM 的企业进行调查，并对横向卡特尔进行处罚。而一旦横向卡特尔被证实，上述关于 RPM 有助于合谋的担心就无须验证，因为按照我们之前的分析，与横向垄断协议关联的 RPM 本身违法，被告应该证明其使用 RPM 并不是为了服务卡特尔，而是出于其他效率目的。而一方面，如果调查无法证实与 RPM 相关联的横向卡特尔存在，那就不能以“可能有”的理由来推断 RPM 有罪，因而不应该被适用本身违法原则，而应该是适用合理原则。另一方面，如果生产商之间真的存在横向卡特尔协议但却不能被证实，对 RPM 实施本身违法原则仍然不能消除卡特尔，因为 RPM 既不是横向卡特尔的必要条件，也不是其充分条件，因此，所能获得的反垄断收益相当有限，相反，如果实施合理原则，虽然 RPM 将使卡特尔能在一定时期内更稳定地存在，并产生消极失误成本，但众所周知，几乎所有的卡特尔都只是存在有限的生命周期，因此，随着卡特尔的消亡，RPM 的负面效应也将自然随之消失。但对 RPM 实施本身违法原则将确定地使生产商失去有效率的契约方式，并且在长时间内不可逆，从而产生很高的积极失误成本。这也就是 Esterbrook（1984）反复强调，市场的自我纠错功能使得消极失误成本在整体上总是低于积极失误的原因。

再者，如果生产商之间真的存在横向垄断协议，他们是否会使用 RPM 来巩固 RPM？横向垄断协议是重罪，协议的隐蔽性较协议的有效性更为重要，企业之间总是尽可能隐蔽地进行操作，但 RPM 有利于横向垄断协议稳定已经广为人知，相关企业使用 RPM 无异于主动吸引反垄断执法机构的注意力，引火烧身。

因此，厂商使用 RPM 来实施垄断协议的可能性并不大，从这一点来看，合理原则可能产生的消极失误成本并不是很高。

RPM 除了对横向垄断协议的稳定作用外，还有一些其他的竞争妨碍效应。例如，会阻止新的竞争对手进入，即通过实施最低零售价和低批发价，使零售商能够获得较高的利润。如果零售商同时销售一种新的、价格更低的产品，则由于消费者都会去购买低价格产品，零售商将失去 RPM 产品的高利润。不过，RPM 这些可能的负面影响，在本质上与其他非价格纵向约束手段类似，这些纵向约束手段在反垄断法一般都适用本身合理原则，RPM 只需参照执行即可。

综上所述，在交叉关系中，如果 RPM 是由零售商发起的，则应该适用本身违法原则；如果 RPM 是由上游厂商发起的，则应该适用合理原则；如果上游厂商之间存在垄断协议，则由上游厂商发起的 RPM 也应该适用本身违法原则。

第四节　讨论

纵观各国反垄断执法实践，纵向价格协议的治理从来都是一个实践焦点和理论难点。实践的困扰源自理论的分野，通过国内外的相关学术研究的梳理，我们可以清晰地看到，对纵向价格协议的司法适用逻辑，学者们对此给出了貌似“天壤之别”的回答。一边“纵向价格协议”依旧是垄断协议论者，主张对纵向价格协议实施本身违法原则；另一边也有不少学者以丽晶案为支撑，认为应该采用合理原则规制纵向价格协议。前者符合反垄断裁判传统、有悠久的实施历史，后者因应了反垄断司法实践、有经济实验为依托。从争议调解的可能性来看，要说服后者，前者必须给出基于反垄断理论的清晰阐释；要劝导前者，后者必须能够证明纵向价格协议经济效果的非个案的证据。由是推之，分歧在短期内无法效弥，另辟蹊径寻找第三条“协调”之路方为科学选择。

我们必须注意以下几个重要的理论事实：一是本身违法原则或合理原则本身

并不矛盾，只是适用对象不同：本身违法原则适用于那些“总是或几乎总是倾向于限制竞争和减少产出”的行为（Business Electronics Corp. v. Sharp Electronics，1988），否则则适用合理原则；二是纵向价格协议对市场竞争的影响无论是性质和类型都不是单一的，单一规则难免顾此失彼；三是纵向价格协议可以根据其限制竞争程度细分。对现有研究的梳理表明，当纵向价格协议被相关主体用于阻止竞争或促进效率目的时，往往会伴随着一些可观察的典型性特征，这些特征可以帮助我们识别纵向价格协议真实目的及预测其客观效果（王自力等，2018）。

对不同性质的垄断行为以不同的法律规则予以治理，这种分类治理思想在反垄断制度中早已存在，且具有重要地位。合理原则与本身违法原则的区分实际上就是源于对一般垄断行为的分类：对一般的垄断行为诉讼采取合理原则，但对某些具有明显危害性的垄断行为，则采取本身违法原则。分类治理框架正是这一思想在纵向价格垄断治理中的自然延伸：根据纵向价格协议对竞争的影响后果进行分类治理。

在现有的纵向价格协议反垄断治理文献研究及实践中，存在着很强的单一治理原则思维定式，即或者实行本身违法原则，或者实行合理原则，而实际上，纵向价格协议是复杂和多维的，既有可能妨碍竞争，也有可能促进效率提升，单一治理原则几乎不可避免会顾此失彼，其后果是产生不必要的积极失误和消极失误成本。如何设计一个合理的纵向价格协议反垄断规则，既对妨碍竞争行为给予足够的惩罚和威慑，同时又给有效率企业行为有足够的发展空间，这是国内外反垄断理论与实践共同关心的一个重要问题。

正如我们反复强调的那条共识：反垄断法保护的是竞争。显然，无论是本身违法原则还是合理原则，保护竞争仍然是二者的根本信念。但如何形成判断违法性的具体反垄断规则，反垄断制定法几乎没有提供任何指南。美国最早的《谢尔曼法》对此没有作任何有用的规定，其后的《克莱顿法》甚至没有对“竞争”一词予以界定，也没有规定测度竞争是否遭受削弱的任何标准。“合理原则项下的反垄断诉讼成本高昂且结果高度不确定，这促使人们不断探索合理原则与本身违法原则之间的空白地带，以寻求有用的捷径。”

分类治理的思想在反垄断规则的演进中早已经存在。在 1927 年美国联邦最高法院特伦顿陶业案的审理中，哈兰·菲斯克·斯通（Harlan Fiske Stone）大法官解释道，虽然一般而言，对商业主体行为的约束受合理原则调整，但特定类型的约束被自动视为不合理，例如“固定维持价格的协议”①。在早期，美国联邦法院曾经把“固定价格协议”违法扩大到“纵向协议”本身违法，但在随后，逐渐把非纵向价格协议与纵向价格协议分离出来，对非纵向价格协议实施合理原则；在 19 世纪 70 年代，又把转售价格最高限价区分出来，适用合理原则，这种演变是垄断行为分类治理思想的映射和客观实情：对那些危害可能性高的行为采取本身违法原则，其他则采取合理原则，但同时我们对哪些行为是有害或无害、应该适用何种原则一直处于摸索之中。

在实际的演进中，忽略效率在分类治理中的核心作用，会导致对类型的泛化，其后果是在司法实践中偏离保护竞争这一核心目标。“在联邦最高法院丽晶案之前的 30 年间，纵向价格限制属于本身违法，而纵向非价格限制适用合理原则，导致当事人花费大量诉讼资源争论涉案安排属于价格协议还是非价格协议，而不是将资源使用于对竞争的效率辩护。回过头来看，我们完全不清楚在对 RPM 实行本身违法态度的一个世纪期间是否显著节约了诉讼资源，而且我们绝对没有理由可以认为它带来了更好的结果。”典型的例子如 1919 年美国联邦最高法院在高露洁案中宣告，如果生产商在合约中单方加入拒绝与削价者交易条款，则只是一种单方行为而不是“协议”，不适用“固定价格协议”本身违法原则。“该判决导致了一场长达 90 年的诉讼噩梦，当事各方投入成本高昂的诉讼资源，用于决定涉案转售价格是单方施加的还是通过协议施加的，而不是用于决定涉案定价行为是否真的反竞争。”

宽泛、不准确的分类还会使诉讼各方在概念上纠缠不清。在 Monsandu 一案中，孟山都公司与 Spray 签订最低零售价合同，并要求 Spray 定期对销售人员进行培训。Spray 没有对销售人员提供足够的培训，并对产品进行降价销售。当

① United States v. Trenton Potteries, Co. , 273 U. S. 392 (1927).

Monsandu 公司终止 Spray 的经销权时，它到底是因为 Spray 违反最低限价的规定（本身违法），还是因为 Spray 没有遵守销售人员的培训规定呢（合理原则）？正如我们反复强调的，反垄断法的目标在于引导资源配置于对竞争的保护，当本身违法规则使得诉讼各方过多地关注于诉讼的技巧而非竞争本身时，我们必须认真地考虑，我们在规则的设计过程中是否出现了问题。

我国《反垄断法》第十三条所列举的一种具体垄断协议均为横向，而纵向关系都列入第十七条，适用本身合理原则。将纵向价格限制单列于第十四条，显然意图于强调对“价格协议”的格外关注。反垄断法对横向协议和纵向协议的治理分别实施本身违法和合理原则，是根据二者对竞争的基本影响形成的判断，而纵向协议中把纵向价格协议单列适用本身违法，也是对分类治理原则的贯彻，但贯彻得并不彻底。遵循反垄断法的精神实质，以及对垄断协议分类治理的经验，我们给出了一个一致性的治理思路：应该对纵向价格限制进行分类治理。在这一思路下，我们尝试性地给出了一个初步的分类治理原则：①由零售商主导的 RPM 必然损害零售商之间的横向竞争；②生产商之间存在横向垄断协议时，RPM 所依据的价格必然是不合理的。上述两类 RPM 都应适用本身违法原则，而其他类型的 RPM 则暂时应该适用本身合理原则。之所以称暂时，是因为这一分类是初步的、开放的，随着认识的深入，分类将逐渐丰富、具体。

我们给出的两类 RPM 都具有明显的、可识别的行为特征，并且，该特征与是否妨碍竞争具有直接的关系，因而可以避免将诉讼资源引导于对竞争影响的辩护。例如，RPM 协议通常有明确合同条款，价格限制条款的动机来自生产商（上游）还是零售商（下游），从对违约的惩罚可以很容易判断出来。而以横向垄断协议作为识别条件，则要求原告努力证明他所认为的不公平的价格限制，是因为对竞争的妨碍，而不是仅仅因为价格限制损害了他的个人利益。值得一提的是，制造商实施 RPM 是为了卡特尔，还是提高服务水平等效率目的，零售商作为交易相对人，会有相当多的信息帮助他判断，该价格的真实目的是什么。因此，如果零售商有相当信息使其怀疑制造商具有横向垄断嫌疑时，零售商就有动机将这些信息提供给反垄断执法部门，这将使制造商对使用 RPM 来稳定横向垄断协议形成威慑作用。

第五节 案例分析

（一）上海市物价局查处伊士曼品牌航空涡轮润滑油 RPM 案①

1. 案例

伊士曼化工公司（Eastman Chemical Company）生产的航空涡轮润滑油产品主要销售给航空公司，其产品主要通过 A、B、C 三家经销商进行转售。在产品销售过程中，伊士曼化工公司会提前与其经销商讨论，并对其报价提出建议。此外，在经销商向各自最终客户报价前，涉案公司也会单方面对经销商的报价进行口头指示，而且在事后，伊士曼化工公司会对大客户的订单价格进行核实。

2016 年 10 月 12 日，一家航空公司向伊士曼化工公司及三家经销商 A、B、C 发出《附属油供应商评审邀请函》，邀请其就伊士曼品牌航空涡轮润滑油产品进行报价。第一轮报价时，涉案公司指示经销商 A 就“ETO 2197”产品“维持其现有价格”。第二轮报价时，经销商 A 基本维持了上一轮的报价，经销商 B“全然不顾会前（伊士曼化工公司）的建议”，私自降低“ETO 2197”产品的报价。在经销商 B 报出低价后，涉案公司的销售经理要求经销商 B 撤回报价，B 没有听从该命令，并最终赢得订单。涉案公司认为经销商 B“该行为严重破坏了我们的定价结构，向整个市场传达出非常错误的信息”，为惩罚“这一不守规矩的经销商”，11 月 4 日涉案公司上调销售给经销商 B 的出厂价，11 月 20 日涉案公司单方终止了对经销商 B 的经销授权。

此外，根据调查，在固定转售价格以外，伊士曼化工公司要求，如果一家经销商已经向某一航空公司推广其产品，其他经销商原则上就不能就该具体业务再

① https：//www. sohu. com/a/222472535_742371，访问日期：2018 年 12 月 10 日。

参与竞争。在实践中，伊士曼化工公司通过“举手”和“报备”两种方式实施上述原则：经销商可通过“举手”这一方式向涉案公司取得开发新客户或新业务的排他性权利；在业务机会相对成熟之后，特别是在经销商与最终客户展开实质性谈判或拟进行报价时，经销商就会向涉案公司进行“报备”，并取得涉案公司颁发的针对特定最终用户的独家授权书。

上海市物价局2016年12月19日开始对伊士曼化工公司的价格及相关行为进行了调查。认定其2014年以来，与经销商达成并实施价格垄断协议，固定经销商向航空公司转售航空涡轮润滑油产品的价格，同时通过限定经销商销售产品的对象，分割经销商的销售市场，强化了价格控制的实施效果。

上海市物价局认为，伊士曼化工公司与经销商属于独立市场主体，两者存在交易关系，涉案公司行为违反了《中华人民共和国反垄断法》第十四条第（一）项和国家发展改革委《反价格垄断规定》第八条第（一）项的规定，属于达成并实施“固定向第三人转售商品的价格”垄断协议的违法行为，依据《中华人民共和国反垄断法》第四十六条第一款、第四十九条的规定，上海市物价局决定责令涉案公司立即停止违法行为，并对涉案公司处上一年度相关销售额5%（2369957.15元）的罚款。

2. 分析

我国《反垄断法》第十三条规定，“禁止具有竞争关系的经营者达成下列垄断协议：（一）固定或者变更商品价格”。在上述案例中，三家经销公司在对产品竞标过程中显然是一种竞争关系，但在竞标过程中，通过伊士曼化工公司组织协调，对价格进行协议。上述行为显然已经达到了通过协议固定或变更价格的垄断效果，毫无疑问应该被认定违法。

然而，上海市物价局对上述行为适用的是《反垄断法》第十四条第（一）款“禁止经营者与交易相对人达成下列垄断协议：（一）固定向第三人转售商品的价格”却反映了当前执法者对RPM的误读或误用。转售价格维持协议，是事前通过协议对转售商品价格进行固定，而不是事前通过协议保留对价格的临时干预权——两者具有非常明显的差异。前者是对价格的提前限制，经销商仍然可以基于这一限制，展开多种形式的竞争，包括压缩经营成本、提供服务等。而后者，由于价格是根据不同对象临时协调达成，其协议不仅没有固定价格，而且其干预是控制价格的高低变化。关键是，伊士曼化工公司保持这种价格干预权，是为了确保可以随时方便地消除零售商之间的竞争，直接将价格规定在垄断定价水平，因而会造成典型的垄断后果。

为了说明这一点，我们可以将两种协议做进一步的比较。假定市场中有两个购买者——1 和 2，分别具有不同的需求弹性η_1，η_2，$\eta_1 < \eta_2$。如果制造商可以随时规定零售价格，则价格分别为$p_1 = \frac{c}{1-\eta_1}$，$p_2 = \frac{c}{1-\eta_2}$，但无论制造商对零售商规定任何价格下限，如p_1，则由于零售商之间的竞争，对购买者 2 的零售价格也是p_1。我们这个简单的例子很生动地说明了，前者（RPM）并不能完全消除零售商之间的竞争，但后者却可以。二者区别显而易见。

从本质上来看，在上述案例中，由于竞标时没有品牌竞争（类似于本节前述多零售商对单制造商），零售商竞争是这个案例中最重要的竞争因素。尽管制造商与零售商之间存在纵向关系，但其消除的是横向的零售商竞争。伊士曼化工公司与其经销商实施的“报备”制度，也都是为了消除零售商之间的竞争。因此，本案例应该适用《反垄断法》第十三条第（一）款，即对具有竞争关系的、横向垄断协议的禁止，而不应适用于第十四条第（一）款关于纵向价格协议的规定。

总而言之，伊士曼化工公司确实违反了《反垄断法》，但上海市物价局引用 RPM 本身违法的条款却并不恰当。

（二）上海市物价局查处捷波朗（Jabra）品牌耳机 RPM 案①

1. 案例

大北欧通讯设备贸易（上海）有限公司（以下简称“大北欧”）2014 年 2 月以来在中国大陆市场销售“捷波朗（Jabra）”品牌耳机产品。上海市物价局于

① http：//www.yidianzixun.com/article/0I8bT4aR.

2017 年 7 月 18 日开始对大北欧的价格及相关行为进行调查。

调查发现，大北欧及其代理商实施了明确的 RPM 协议。大北欧与“捷波朗”品牌的“总代”（即“一级经销商”）签订《经销协议》，协议中规定经销商“严格遵行 Jabra 设定的价格”、“在未取得 Jabra 批准的情况下不得偏离 Jabra 设定的价格表”等内容，该协议的附件还规定了经销商应“严格遵守大北欧通讯中国销售团队制定的价格体系，所有价格必须经过大北欧通讯中国销售团队的批准”，该协议同时对考核办法以及相应奖励和惩罚措施进行了明确规定。大北欧公司制定相关产品价格表并通过邮件下发给“总代”和其他各级经销商，上述相关产品价格表中列明了各销售环节的价格，包括“捷波朗官网价格”、“天猫旗舰店价格”、“网络限价”、“线下价格”等，明确要求经销商“严格遵守大北欧公司的价格体系”。

为了监督 RPM 制度的实施，大北欧采取了以下管控措施：一是专门聘请第三方公司，对线上经销商的零售价格进行监控，并聘请第三方公司向电商平台举报“低价”商品，以“侵犯知识产权”的名义，要求电商平台对“低价”商品链接予以删除；二是实行报备制度，零售商（包括总代）对线上价格的调整必须报备，经批准后方可执行；三是设立保证金制度，对降价经销商扣减保证金；四是对执行协议的零售商予以返利。

上海市物价局认为，大北欧公司与“总代”属于独立市场主体，两者存在交易关系，涉案公司的行为违反了《中华人民共和国反垄断法》第十四条第（一）、（二）项和《反价格垄断规定》第八条第（一）、（二）项的规定，分别属于达成并实施“固定向第三人转售商品价格”、“限定向第三人转售商品最低价格”垄断协议的违法行为，排除、限制了市场竞争，损害了消费者利益和社会公共利益，对大北欧公司处上一年度相关销售额 3%（2305559.79 元）的罚款。

2. 分析

与伊士曼案不同，捷波朗对零售商价格控制是一个标准的 RPM。很显然，从判断书内容看，上海市物价局是依照本身违法原则对该案进行判罚，在判断书中没有对 RPM 的经济后果进行评估。但即便如此，仍然存在很多值得我们思考的地方。

在伊士曼案中，航空公司已经明确了参与竞争的零售商，竞争只是在这些零售商之间展开，而伊士曼对这些零售商的价格协调完全消除了零售商之间本应该存在的竞争，必然是一个垄断定价的结果。而耳机市场是一个多品牌激烈竞争的市场，存在 DKG、魔声耳机、铁三角等多个强有力的竞争对手。Jabra 制定的最低零售价格并不针对某一具体的市场主体，而是面向整个市场，如果 Jabra 把自己的产品定价过高，消费者可以选择其他竞争性品牌。因此，除非 Jabra 与其他竞争对手有价格协议，否则，Jabra 对其产品的零售价格控制，并不会产生垄断性的后果。因此，在 Jabra 一案中，其固定价格是否产生破坏竞争效果，关键在固定价格是否形成生产商之间的卡特尔。但上海市特价局对此并未提及。

RPM 本身违法源于其对横向卡特尔的稳定性作用，对捷波朗 RPM 本身违法的处罚，在事实上使执法机构陷入两难境地。既然 RPM 本身违法，则说明捷波朗与其竞争对手具有价格协议，执法机构理应在处罚捷波朗 RPM 后，继续追查其与其他竞争对手的垄断协议行为，然而与众多其他 RPM 案件处罚一样，我们看不到执法机构在这方面有继续跟进，这意味着执法机构不作为。如果没有进一步的结果是因为执法机构没有发现生产者合谋的证据，那么，在法律意义上，生产者之间就没有合谋，那么因 RPM 对横向价格合谋具有协同作用而做出的判罚，自然也就毫无道理。

在捷波朗案中，制造商实施 RPM 的细节也同样值得思考。捷波朗对维护价格采取了多种管控举措，包括不惜斥资聘请第三方监督。但从维护垄断协议的角度看，这是一个非常不合常理的行为。一个常识是，价格合谋之所以不稳定，是因为合谋各方都有降价的动机：给定对方遵守价格约定，降价的一方将获得好处，不降价的一方也将遭受额外损失，因此，如果捷波朗与其他生产者有合谋协议，捷波朗合理的行为是监督合谋同伙，而不是耗费资源监督自己的零售商。

进一步地，如果捷波朗在上海市物价局的判断意见中，返利制度被视为一系列“价格管控措施”中的一项。但事实上，如果捷波朗是为了保持合谋价格，只需把批发价提高就行了，完全不需要再多此一举，用返利作为对零售商遵守

RPM 的激励。如果捷波朗在制定了批发价之后，还要控制零售商的价格，就说明，批发价低于协议价格。但为什么制造商要刻意为零售商保证零售利润？这个问题从经典理论里很容易找到答案，即捷波朗是为了激励如零售服务这样的非价格竞争手段。如此，情况就变成，制造商想要实现维持卡特尔协议，同时要激励零售服务这个目的。但如此，返利制度的功能又变得多余了。

再者，捷波朗的产品在线上和线下两个渠道进行销售，并且都实施了价格限制，但仅对线上产品销售要求实施“报备”制度，这似乎表明，捷波朗对线上产品价格进行了更宽松的制度，也与线上产品价格竞争更激烈这一特征保持一致。姑且不论生产商之间是否事前就产品线上价格和线下价格分别签订了协议，即便如此，允许线上产品的变化，意识着多个生产商之间需要频繁地对价格进行沟通，而这对卡特尔来说几乎是不可能的。

当然，我们上述分析并不能证明，捷波朗实施 RPM 具有效率理由，但却很清楚地表明，捷波朗所实施的一系列措施，很可能与横向卡特尔无关。因此，执法机构对其适用本身违法原则并不合适。

第三章　制造商为什么要实施转售价格维持

第一节　引言

自麦克劳伦在1890年对马歇尔那本著名的《经济学原理》实施最低限价开始（Breit，1991），转售价格维持（Resale Price Maintenance，RPM），即制造商与零售商签订契约对最终零售价格进行限定，就一直是反垄断治理中最具争议的话题之一。以反垄断历史最为悠久的美国为例，虽然RPM被广泛地应用于从图书、糖、服装到珠宝、空调再到电子书等各个行业，但对RPM的反垄断政策却可谓一波三折，不断反复（Ippolito，1991；Comanor & Rey，1997；Gaudin & White，2014；Herbert Smith Freehills LLP，2016）：1911年Dr. Miles案，RPM被确立适用本身违法原则（per se illegal）；而1937年的“公平贸易法案”和Miller－Tydings法案使RPM在联邦得以合法存在，但仍有14个州坚持RPM本身违法；1975年消费品定价法案（Consumer Goods Pricing Act）结束了RPM的合法地位，从联邦到州均对其采取严厉的反垄断制裁；2007年的丽晶案中，美国最高法院又重新认可了RPM的效率作用，在联邦层面确立“合理原则”（Rule of Reason)，但即便如此，仍有很多州坚持其本身违法（Elzinga，2017）。可以看出，无论是在时间上还是空间上，美国对 RPM 的反垄断规制都充满着争议和矛盾。事实上，欧洲、加拿大、新加坡、中国香港等众多国家和地区都出现过类似的情形（National Archives，2017），即使在同一时间，欧美等不同国家也存在很大差异（Cooper et al.，2005）。

中国反垄断历史虽短，但在 RPM 的治理问题上，也已经面临着类似的困境。我国《反垄断法》在禁止 RPM 的同时保留了例外豁免的法条，但并未明确规定区分二者的具体准则，因而，对具体 RPM 是禁止还是豁免，还取决于具体的司法判例；在 2013 年锐邦诉强生案中，上海高级人民法院的判决坚持“只有在实际产生难以克服、难以抵消的限制竞争效果时，限制最低转售价格协议才应被认定为垄断协议”，但最近海南高级人民法院对裕泰公司案的判决中，则明确强调，对纵向价格协调无须再进行“是否具有排除限制竞争效果”的二次验证，两个判例遵行的原则明显冲突。近年来反垄断执法机构处理的多起 RPM 案件，如茅台五粮液案、奔驰案、合生元案、美敦力案等，均未给出处罚的具体经济解释，很难对现实企业行为产生明确的法律引导，引起国内经济学与法学家在这一领域的广泛批评和争论（刘志成，2012；黄勇、刘燕南，2013；甄艺凯，2016）。总体上看，中外对 RPM 的反垄断治理几乎就是一段“摸着石头过河”的历程，直至今日，仍然存在许多悬而未决的难题。

事实上，经过一个多世纪的理论探索与经验研究，学界对 RPM 的认识已经有了很大的进展。在早期，RPM 更倾向于被认为是零售商用于缓解零售市场竞争的一种价格协议，但随着研究的深入，经济学家们在理论和经验上都发现，很多 RPM 是由制造商发起或积极维持的（Taussig，1916；Telser，1960；Ippolito，1991；Ippolito & Overstreet，1996；Giovannetti & Magazzini，2013），并且，制造商既可以用 RPM 来追求效率，也可以用其妨碍竞争。因此，近半个多世纪以来，对 RPM 反垄断治理的研究集中在对“制造商为什么要实施 RPM”的回答上。其中一部分研究认为，RPM 可以阻止零售商搭便车并提高零售商服务水平、解决制造商与零售商之间的委托代理问题、市场波动问题以及提高零售网点的市场分布等等；而另一部分研究则发现了 RPM 对竞争的负面作用，如制造商价格卡特尔、阻止潜在竞争对手将定价权转移给市场势力更高的一方等。RPM 这种增进效率与阻碍竞争的两面性，对反垄断治理形成一个重要挑战：如何对形式极为相似的 RPM 个案进行“好”或“坏”的判定？这是 RPM 反垄断政策制定与实施的关键。Telser（1960）及其之后的众多学者们无不致力于此（Breit，1991），并提出了一系列理论解释。虽然没有哪一个理论能够对各种 RPM 判例提供一以贯之的经济解释（Ippolito，1991），但在每一个理论假说下，不同类型的 RPM 动机总是与其特定的实施环境条件相匹配，这些实施条件是具体且可检验的，这可以使反垄断审查变得有理有据。然而，逐案审查的成本是高昂的，如果我们能够在那些视角独特的不同识别条件中找到共同之处，就能使识别变得更简明，由此节约反垄断审查成本。遗憾的是，对于各假说那些视角独特的识别条件，我们极少从反垄断政策应用的角度进行系统整理（Schulz，2007）。

围绕“制造商为什么要实施 RPM”这一根源性问题，我们对不同假说关于 RPM 实施动机的识别条件进行了梳理。进一步，我们发现在“有效率的”和“妨碍竞争的”RPM 之间，存在一些基本的实施条件差异，这些条件可以构建一个“效率筛子”，使法庭、企业甚至社会大众无须研读复杂的理论，通过观察制造商市场势力、零售商代理品牌数量、市场波动、批零差价四个指标，就能简明地将一部分 RPM 筛选出来，明确反垄断审查“安全港”或审查重点，从而极大地节约反垄断审查成本。我们相信，这个“效率筛子”的意义不仅仅在于理论层面，它对尚处于探索时期的中国纵向反垄断治理尤为重要。

文献梳理发现，制造商实施 RPM 的效率改进动机主要可以分为以下三大类：一是为了限制零售商之间的横向价格竞争，通过稳定零售利润实现零售努力激励；二是为了解决制造商与零售商之间的纵向委托代理问题；三是为了解决外部市场不确定性问题。这分别构成了本章第二节至第四节的主要内容。第五节分类介绍了制造商如何通过 RPM 妨碍竞争。第六节是本章的核心，基于对不同 RPM 实施条件的比较，我们建立了一个降低反垄断审查成本的“效率筛子”。最后是一个简短的总结。

第二节 横向协调与零售努力激励

当产品以某一批发价格进入零售渠道后，零售价格越低，市场销量就越大，制造商利润也就越高，因此，一个制造商对其产品进行最低零售价格限制似乎是不正常的。但早在1911年Dr. Miles v. Park & Sons一案中，药品制造商Dr. Miles就在法庭上强调，零售商的努力对其产品销售非常重要，他们希望通过规定一个高的零售价格，使零售商能够在高利润诱导下，更加努力地销售他们的产品。事实上，最低零售价格可以提高零售服务水平的思想很早就开始流行（Arbuthnot，1907；Taussig，1916；Silcock，1938），但在Dr. Miles案中，法庭拒绝接受RPM是为了激励零售服务的辩解，并建立了RPM本身违法原则。一个重要的原因是，当时的理论都不能很好地回答，如果零售服务能增加销量，为什么零售商自己不这么做呢？这个问题直到1960年，Telser提出了特质服务（Special Service），搭便车理论才给出了一个有说服力的机制解释，并引发出一系列相关研究，对之后的RPM反垄断政策演变产生深远的影响。

一、搭便车与特质服务

与早期的服务理论保持一致，Telser认为，零售服务能够提高消费者需求，但比前人更进一步的是，他把零售服务区分为一般服务和特质服务。所谓特质服务是指那些制造商只能借助零售商而无法直接向消费者提供，并且，这种零售服务只是针对某一特定产品品牌，且可与该产品的购买分离的（比如销售人员对某产品功能的专门演示）。Telser认为，RPM仅在激励特质服务时才是必要且有效的手段，但对那些一般性的零售服务，比如商场内的空调、店内的购物氛围营造等则不起作用。假设零售商A提供特质服务，因而需要向消费者索取一个包含特质服务成本的更高的零售价格，但如果零售店B不提供特质服务，并以较低的价格销售该产品，消费者就可以从 A 零售商免费获得特质服务后，再转到价格更低的 B 零售店购买——Telser 称之为“特质服务搭便车”。由于搭便车问题，提供特质服务的零售商反而受损，市场上零售商特质服务就会供给不足，这会造成该产品的市场需求量下降，制造商利润受损。因此，制造商规定一个可以补偿特质服务成本的零售价格下限（RPM），迫使零售商通过提供零售服务竞争而不是价格竞争来吸引消费者，从而提高整个市场的特质服务水平以及市场需求量。显然，这不仅对制造商和零售商的联合利润最大化有利，而且对很多消费者也是有利的。

不过，这不意味着 RPM 是唯一可以阻止搭便车的手段，在理论上还存在其他替代方案。一是可以对特质服务单独定价，与商品分开销售。但由于特质服务仅与商品结合才有用，要求消费者事先购买特质服务实际上增加了消费者的不确定，这会导致需求的下降；而且，即使不考虑不确定性，在消费者对特质服务的评价存在异质性时，单独定价也不如 RPM 有效。二是对提供服务的零售商收取低的批发价，对不提供服务的零售商收取高的批发价，这要求制造商能够识别不同类型的零售商，且零售商之间不能转售套利，因而局限性也很大。三是制造商可以根据零售商的服务水平直接进行补贴，但如何监督和衡量零售服务本身是一个难题。显而易见，与 RPM 相比，这些替代手段面临着更为严苛的实施前提条件，因而 RPM 成为制造商激励服务手段中的优先选项也就是情理之中的事情了。

特质服务理论能够解释很多 RPM 现象，例如，一些消费者不常购买的品牌，或者一些品牌在推出新产品时，往往会实施 RPM，以提高零售商促销激励。于立等（2013）对中国图书行业的研究发现，图书行业中线上零售商的服务与价格都较低，而线下实体店的服务与价格都较高，消费者会跳单（即搭便车，消费者在实体店挑选但在网商低价购买）。这表明进入电商时代后，搭便车理论仍然具有强大的解释力。但这一理论并非没有受到挑战。FTC 委员 Robert Pitofsky 认为，“搭便车纯属一个理论猜想，没有任何研究证明，一个制造商在不断实施 RPM 的过程中是为了获得这种服务，在已经看到的 RPM 产品里，几乎都不需要这种服务”。另一位 FTC 委员 Patricia Bailey 也认为，“‘搭便车’只是一个理论假想而已”①。

在 Monsandu v. Spray 一案中，Monsandu 和零售商签订协议，要求零售商定期对员工进行培训，对顾客提供特质服务，同时规定了最低零售限价。零售商 Spray 因降价被 Monsandu 中止供货，但 Spray 向最高法院证实，其降价吸引的都是那些“有经验的、不需要特质服务的老顾客”，因而并没有产生搭便车问题。Klein 和 Murphy（1988）也以此案为证据，认为，阻止搭便车并不是激励零售服务的真正原因。但 Shaw（1994）的研究发现，Monsando v. Spray 一案并不能作为否认搭便车的理由，因为消费者存在需要特质服务（新顾客）和不需要特质服务（老顾客）两类，当其他零售商提供零售服务并制定高价格时，不提供零售服务的零售商降价后，首先吸引的是那些不需要零售服务的老顾客，但对那些新顾客而言，搭便车问题仍然存在。

当然，搭便车理论的适用性也不是无条件的。在零售商服务能力短缺的假设下，Hunold 和 Muthers（2017）研究了寡头制造商的产品由两家竞争的零售商同时代理的情况。制造商争夺零售服务的手段，或者降低批发价格，或者通过 RPM 规定高的零售价格。像 Telser（1960）曾觉察的那样，由于零售商之间竞争，低批发价只会导致低零售价格，所以，制造商需要 RPM 来固定零售价格，努力在提高零售利润方面超过竞争对手，以争夺有限的服务资源。由于两个制造商是对称的，服务总量又是给定的，最后均衡的结果是，RPM 仅仅提高了价格，惠及了零售商，但零售服务总量不变，服务的分配也不变，消费者和制造商受损。这一结论意味着，在寡头制造商结构下，当特质零售服务达到某一门槛值之后，实施 RPM 就不能提高零售服务水平，也因此不能增进效率。Hunold & Muthers 的研究再一次表明了 RPM 的复杂性。判断 RPM 具有效率还是妨碍竞争的动机，必须根据具体的实施环境进行综合判断。

① Kleit A N. Efficiencies without Economists: The Early Years of Resale Price Maintenance [J]. Southern Economic Journal, 1993, 59 (4): 597-619.

“特质服务理论”对反垄断实施具有很好的政策含义，它给出了识别 RPM 促进服务的两个必要条件：零售服务必须是“特殊”的，如果不实施 RPM 就无法消除搭便车的负面影响。“特殊服务理论”使 RPM 的效率识别变得简单易懂，且极具说服力，因而不仅为包括之后的众多经济学家所接受（Breit，1991），并且对美国的反垄断判例产生了持续和重要的影响。FTC 的经济学家 Ippolito（1991）对 1976～1982 年美国地方和最高法院 RPM 诉讼案件进行经验研究，他发现，只有不到 15% 的案件能够被反竞争的合谋理论解释，基于搭便车的特殊服务理论有可能解释 65% 的私人诉讼和 42% 的政府诉讼。最终在 2007 年 Leegin v. PSKS 案例中，特殊服务理论成为美国最高法院判例的理论基础：“RPM 降低了同一品牌零售商之间的竞争，但却强化了该类产品不同品牌之间的竞争，而反垄断法的初衷就是要保护品牌间竞争。一个制造商使用 RPM 会消除品牌内竞争，但它同时会鼓励零售商投资于服务或促销努力，这将有助于提高该制造商品牌间竞争优势。……如果没有 RPM，那些能够加强品牌间竞争的零售服务就会因为零售商之间的搭便车而供给不足。”（Leegin v. PSKS，2007）特殊服务理论让美国最高法院最终推翻 Dr. Miles 的纵向价格限制本身违法传统，确立了 RPM 适用合理原则的审判先例。

尽管特质服务理论影响力巨大，但 Telser 本人强调，特质服务理论并不能解释所有的 RPM 现象（Telser，1990）。确实，后续的研究发现，仍然存在很多“例外”是这一经典理论无法解释的，围绕着对这些“例外”现象的解释，学者们不断提出新的洞见。

二、产品质量认证与零售商声誉

对产品声誉与 RPM 之关系的关注由来已久。Taussig（1916）观察到，零售商会通过将一些商品以低价甩卖（Loss Leader），来诱使消费者进入商店，从而有机会向这些消费者推销其他产品。这种被用来引诱消费者进店的商品通常是已经建立起了较好口碑和声誉。Taussig 认为其中一些是“虚荣商品”，或者说它们是为了“面子消费”而存在的，价格如果降低了，该商品的声誉就将受到损害，消费者就不再觉得这件商品那么值得购买了。但是这个观点存在明显的内在矛盾：如果“虚荣商品”价格越低消费者越不想要，那么零售商将它们打折也同样不能够吸引消费者进入商店（Breit，1991），制造商也就没有必要对零售商规定最低价格。显然，Taussig 虽然率先观察到了声誉与 RPM 的关系，但却并没有切中要害。

1969 年，FTC 对高品质瓷器产品制造商 Lenox 发起反垄断调查，引发了 RPM 与产品声誉的新一轮思考。Lenox 是一家高品质瓷器产品制造商，它要求其产品零售商必须已经经销了其他同类高品牌产品，这些同类产品也和 Lenox 一样，对零售商实行了 RPM。瓷器产品的零售服务并不具有特质性要求，因此很难用特质服务理论来解释。而且，Lenox 主要是选择那些已经经销了其他同类产品的零售商，那些瓷器品牌也都使用了 RPM，因此，按 Telser（1960）的研究结论，以横向卡特尔为目的的 RPM 产品是不应该被同一零售商销售的，因而 Lenox 实施 RPM 也不具有卡特尔的特征。在反垄断调查中，Lenox 负责营销的副总裁强调：“如果（Lenox）在随便哪一家零售店都能买到，Lenox 就不会被消费者认为是高品质的。”（Goldberg，1980）这一直观的表述听起来很有道理，其内在的机理也得到了 Marvel 和 McCafferty（1984）“声誉搭便车”假说的支持，认为 Lenox 实施 RPM 并有条件地选择零售商，是为了借助零售商的声誉来提高产品的市场需求。

Marvel 和 McCafferty（1984）的理论基于一个独特但现实的假设：某一产品的需求与两个因素正相关：销售该产品的零售商的信誉，以及销售该产品的零售商的数量。由于对产品质量的分辨能力高于普通消费者，因此，零售商承担了为普通消费者甄别产品质量高低的代理人角色。一个具有良好声誉的零售商所销售的产品也会是高品质的。这样，如果一个哪怕不为消费者熟悉的高质量产品，只要能够进入到相应高声誉的零售商，也能够迅速被那些相信零售商信誉的消费者所信赖。但如果市场中那些低品质（低成本）的零售商也低价销售这些产品，消费者通过观察高信誉零售商对该产品的销售，就可以放心地以低价格在低品质零售商那里购买，这会导致销售该产品的高质量零售商不足，最终影响制造商产品的利润。因此，制造商通过 RPM 以提高零售利润，同时调整零售商的最低声誉门槛，不仅可以向消费者传达产品的高质量信息，而且可以吸引更多的高品质零售商，保持足够多的零售商数量，有利于制造商的利润最大化（Gould & Preston，1965）。由于能够阻止零售商信誉搭便车，RPM 使消费者能够获得一个好的产品质量甄别机制，这对消费者也是有利的。

质量认证理论存在一个问题：既然制造商可以识别声誉的差别，为什么他不能直接付钱（比如通过较低的特许费）让高声誉的零售商售卖他的产品呢？一个可能的原因是，这样的定价行为会触犯《鲁滨逊—帕特曼法案》（Katz，1989），在 RPM 也视为违法的时候，制造商就必须考虑，法律对哪种形式的处罚更为严厉；另一个重要的原因是，在特许费制度下，需要根据不同零售商的信誉等级，划分不同级别的特许费，这需要制造商承担对零售商的识别和挑选成本，以及零售商信誉的变动风险。

正如 Marvel 和 McCafferty（1984）所强调的，零售商声誉理论是特质服务理论的一个补充。两者的共同之处都在于，制造商希望通过设定高的批零差价，提高对零售商的激励。但二者也存在明显的不同，对质量论证而言，高批零差价意在购买高信誉零售商产品销售资格，而对特质服务来说，则是制造商向零售商提供的事前激励。

第三节　纵向协调与委托代理问题

制造商与零售商是两个独立的利益主体，当零售商最大化零售利润的行为与制造商利润最大化不兼容时，就可能产生委托代理问题。很多学者认为，制造商实行 RPM 等纵向控制，可以消除或降低由于委托代理产生的效率损失。从这一角度出发，产生了一批关于 RPM 的重要研究成果。

一、控制机会主义行为

Mathewson 和 Winter（1984）注意到，一些零售商努力（如广告）具有准公共品的性质，在线性定价条件下，这产生多种外部性，引起零售商行为与制造商（或上下游整体）的利润最大化不一致。①当制造商与零售商都具有一定市场势力时，如果批发价高于生产成本，会产生双成加价问题（Spengler，1950），使零售商定价过高，而且广告密度过低；②广告溢出效应导致横向正外部性，即一个零售商在对某一消费者进行产品广告时，会增加该消费者在另一个零售商处购买的概率，显然，这导致零售商广告的密度低于制造商的最优水平；③横向价格外部性，即一个零售商在决定最优广告水平时，只会考虑广告成本增加后，价格水平提高引起的需求下降，但不会考虑自己价格水平提高对另一个零售商产生的交叉需求增加，这会使零售价和广告水平都过低。Mathewson 和 Winter（1984）的研究表明，通过两部定价与 RPM、数量下限、区域专营等纵向约束手段可以解决上述委托代理问题，并且，RPM 在提高零售服务水平的同时并不必然就会导致零售价格水平提高。刘志成（2012）的研究发现，当信息不对称与销售努力的横向外部性（包括服务搭便车问题）同时存在时，RPM 将能够为制造商带来比两部定价更大的利润，并且，横向外部性问题非常严重时 RPM 会增加消费者福利，而信息不对称问题更加严重时 RPM 则会减少消费者福利。总体来看，在解决因为外部性而产生的委托代理问题时，RPM 是一种有效的工具。

在产品能够相互替代时，消费者对产品购买决策取决于产品的配套或售后服务，因此，制造商往往需要零售商提供最优水平的这类服务。例如，在 Coors 一案中，Coors 生产的啤酒只有特殊冷藏条件下才能实现产品品质，因此，Coors 要求零售商和经销商必须提供冷藏等一系列配套服务，但零售商如果向消费者出售没有经过冷藏（因而成本更低）的啤酒，消费者也许会认为啤酒口感的下降是产品本身的原因，这样，零售商就可以侵蚀制造商的品牌来获利。如果这些服务很难在合同中被明确或被法院证实，就无法通过正式的合同来得到保证。这样，零售商在线性定价下就不会具有提供配套或售后服务的完全激励。Klein 和 Murphy（1988）的研究认为，制造商利用 RPM 形成一个最优“利润分享”安排，对零售商的零售服务提供一个额外的利润激励，如果零售商没有提供制造商所要求的服务水平，制造商终止交易将使零售商失去未来的“利润分享”的现值，只要该现值大于其违约的收益，就可以诱迫零售商提供最优水平的服务。利润分享理论要求制造商能够很好地观察到零售商的违约行为，但 Shaw（1994）的研究则发现，当制造商不具备发现零售商违约行为能力时，只要零售商之间能够及时地发现相互之间的违约行为，RPM 可以成为激励零售商之间互相监督，解决委托代理问题的私人合约实施机制。原因在于，制造商规定零售价格下限，可以保证提供服务的零售商具有一定的合作收益，而其他零售商的违约行为会降低这一合作收益，因此合作的零售商会积极向制造商告发违约零售商的违约行为，从而使制造商能够低成本地发现和终止与违约零售商的合同。Klein 和 Murphy（1988）与 Shaw 的结论看似相似，但实施条件却截然不同。前者要求制造商对零售商具有完全信息，而后者恰恰是要解决制造商与零售商之间的不完全信息问题。

虽然双重加价问题在 RPM 研究中被经常提及，但双重加价本身并不能成为实施 RPM 的必要条件，因为，制造商使用固定费和边际成本批发价的方式，就能实现最优零售定价（Hart et al.，1990）。但在引入制造商机会主义后，这一结论就不再成立（O'Brien & Shaffer，1992；McAfee & Schwartz，1994；Marx & Shaffer，2004；Rey & Vergé，2004）。这是因为，在合约无法被其他零售商观察的情况下，制造商一旦收取了固定费，就会有很强的机会主义行为动机，它会跟某一个或某几个零售商签订更优惠的合约，使这些零售商能够以低价销售产品。显然，制造商能够从低价引起的需求量扩大中受益，又不会损失之前已经收取的固定费，但签订合约的零售商都将受到损失。如此，由于害怕会被这样的机会主义行为损害，就没有零售商会和制造商签订两部收费合约。因此，制造商对所有的零售商实施 RPM，实际上是对机会主义行为的一种自我约束。

上述文献说明 RPM 能够解决机会主义，但并没有证明它就是最优的合约，因此，机会主义存在仍不能成为实施 RPM 的必要条件。例如，Montez（2015）

发现，在特定的条件下，如可以对商品实施价格歧视，或存在一个有效率的消费者转售市场，并且垄断加价百分比小于零售商个数时，其他一些更容易被反垄断政策视为合法的工具，比如回购合约，可以完美地阻止机会主义行为并且不会导致双重加价问题。从这一点来看，存在解决机会主义的动机既不能证明RPM是本身合法的，也不能证明RPM是本身违法的，最终仍然只能取决于实施条件的具体判断。因此，上述研究普遍支持反垄断政策对RPM实施合理推定原则。

二、边际定价扭曲

按边际需求定价是市场定价的一个通用法则，但是，当制造商和零售商面临的“边际消费者”不一致时，零售商的定价就会和制造商利益产生冲突（Winter，1993）。例如，如果消费者由A、B两个类型组成，其中A对价格更敏感，B对产品服务更敏感，制造商会偏好一个价格和服务的最优平均组合（Spence，1975），这个平均组合决定了“消费者是否会购买产品”即边际消费者（Product Margin）；但这个平均组合对零售商并不是决定性的，因为零售商不仅关注消费者“是否购买该产品”，更关注消费者“是否从自己店里购买该产品”，因此，零售边际消费者（Inter－retailer Margin）的偏好会成为决定价格与服务比重的决定因素。如果零售边际消费者是对价格敏感的A类消费者，零售商提供就会以低价格来争夺零售边际消费者，所提供的服务水平就不足。反之则反是。根据上述特征，Winter研究发现，只要零售商的价格需求弹性与服务需求弹性之比大于制造商的相应比值，简单的数量限制难以达到行业最优的价格与服务水平，制造商实施RPM有利于行业利润的提高。这一结论的福利含义也显而易见，即RPM使低零售服务需求的消费者受损，也使高零售服务需求的消费者获益，并且，只要RPM能够使消费者的总量增加，甚至在略有下降时也会增加消费者的总福利（Chen，1999）。在委托代理框架下，Winter的研究还具有另外一层重要的政策含义，即对RPM的判断，不仅要考虑零售服务的性质（如特质服务），还应该考虑消费者的异质性特征。

沿着 Winter（1993）的思路，Schulz（2007）区分了两类消费者：一类是比较消费者（Choosy Consumer），即经典搭便车理论里的典型消费者，他们在比较之后选择价格和交通成本最低的零售商购买；另一类是即兴消费者（Spontaneous Consumer），他们事前并没有明确的购买计划，只是在进店之后才成为潜在消费者。因此，尽管两类消费者的购买选择都受价格和服务水平高低的影响，但零售商之间的价格和服务水平差距只会影响比较消费者的择店选择。显然，如果比较消费者更重视服务，零售商就偏重使用服务竞争，对即兴消费者而言，服务就会过高；相反，如果比较消费者更重视价格，整体的价格水平就会过低。前一种情况下 RPM 会降低服务，后一种情况下 RPM 则会增加服务，只要两类消费者对服务的重视程度不同，零售商的手段就与制造商想要的不一致，RPM 就可以增加市场需求。在福利方面，Schulz（2007）发现实施 RPM 后，即兴消费者的福利会变好，而比价消费者会变差，消费者总福利的变化状况则取决于需求函数的参数。Schulz 的研究不仅再次验证了 Winter（1993）的结论，而且表明，从结果来看，RPM 是有可能降低零售服务水平的，但由于结构效应，不能仅以服务水平的高低来判断 RPM 的福利效应。

三、价格歧视

1997 年 Khan（State Oil Company，Petitioner v. Barkat U. Khan and Khan & Associates，Inc.）案中，石油供应商向零售商实施了 RPM，相关零售商发现，RPM 限制了其盈利能力，由此对供应商实施 RPM 提起诉讼。在这个案例中，石油供应商这样的大品牌生产商无须借助零售商的品牌信誉，而且，也不存在搭便车或其他零售服务问题，因此，之前的服务理论和价格歧视理论都无法对此予以合理的解释。Chen（1999）从消费者异质性的角度，重新诠释了 RPM 对零售商价格歧视与制造商价格歧视的协调功能。

当多个零售商为同一个制造商经销产品时，为了缓解同质产品的激烈价格竞争，他们会利用服务来形成产品差异性，对消费者实施价格歧视（Shaked & Sutton，1982），但零售商势力有可能产生与制造商利润最大化不一致的因素，比如双重加价，但两部收费就能消除零售商这种价格歧视。此外，Bolton 和 Bonanno（1988）发现，当消费者对服务具有不同的评价时，即便制造商也需要利用这种服务差异实施价格歧视，实施 RPM 也能使价格歧视更有利于制造商，但在这里，RPM 并不对零售商利益造成损失。因此，上述理论也无法解释 Khan 案。Chen（1999）的发现是，制造商使用 RPM 仍然是需要解决价格歧视产生的边际扭曲问题，Chen 首先区分了两种消费者类型：一种是本地消费者（Local Consumers），另一种是比较消费者（Comparison Consumers）。他们在两个不同的方面有所差别：一方面，他们选择“从哪儿买”的策略不一样，本地消费者（某个零售商的忠实客户）仅在他所忠诚的零售店购买，比较消费者（认为所有零售商都无差异）挑价格最低的零售店购买；另一方面，他们的保留价格分布不同，本地消费者能接受的价格会稍高一点。由于这种消费者差异，零售商可以基于消费者对零售商品牌忠诚度不同实施价格歧视（Borenstein，1985），即对本地消费者收取垄断（高）价格（因为零售店对于它的本地消费者而言是一个垄断者），对比较消费者收取竞争（低）价格（在这个市场零售店之间进行伯川德竞争）。但是，行业利润最大化的要求是根据消费者的边际效用来定价，特别是当两类消费者的效用不一样时，最优定价应该是按消费者的效用差异，而不是按消费者对零售商的品牌偏好进行价格歧视。在两部收费条件下，实施 RPM（价格上限或价格下限）和批发价能够纠正零售商的“定价扭曲”并实现行业利润最优。这种 RPM 对消费者福利具有明显的结构效应，对本地消费者有利而对比较消费者不利，但对总福利的影响是不确定的，具体取决于两类消费者的比例。但能够明确的是，如果 RPM 使总产量增加了，则总福利也一定会增加。

当然，如果零售商（或制造商）不具备对消费者实施价格歧视的能力或动机，仅仅由制造商（或零售商）通过 RPM 对消费者实施价格歧视，结果就只能是消费者福利被制造商占有。例如，蒋传海等（2016）证实，如果制造商根据消费者的等待成本差异分类，提前规定不同时期的零售价格，就能够更大限度地占有消费者剩余。这与 Chen（1999）所研究的价格歧视很容易区分出来：前者始终只有一个市场主体（制造商或零售商）能够实施价格歧视，而在后者，两个市场主体均能够实施且价格歧视策略不同，RPM 只是制造商用来限制零售商价格歧视策略选择，保持激励兼容的工具。

第四节　不确定性与存货

20 世纪 80 年代美国著名的游戏生产商 Atari 在经过疯狂的需求增长后突然面临市场疲软，所有的零售商经历低价清仓后不再对持有 Atari 的产品存货保持信心，最终导致 Atari 破产。此后，进入美国市场的任天堂（Nintendo）对零售商采取了零售价格控制，并对零售商未出售的上一季产品回购，使零售商对持有产品的信心恢复，最终大获成功。任天堂对其零售商实施的 RPM 不具有卡特尔性质，而游戏机及游戏卡这样的产品也不能被之前任何一种服务理论解释。对此，Rey 和 Tirole（1986）提出了一个全新的解释，认为 RPM 可以帮助制造商解决零售市场需求和成本波动问题。

Rey 和 Tirole（1986）发现，当零售商差异化竞争且可以实施两部定价时，制造商的目标有两个：一是尽可能地以垄断价格销售（批发价设定为成本），这样才能够避免双重加价并抽取最大的租金；二是尽可能地为零售商提供“保险”，这样才能够让零售商愿意持有并销售制造商的产品。在市场存在需求波动以及零售成本波动时，这两个目标存在内在的矛盾。当需求不确定时，如果允许价格竞争，零售商能够通过价格变化完全转移需求波动和零售成本波动的风险，但制造商必须承担对应零售成本波动而产生的双重加价损失；如果实施 RPM，对成本波动的“保险”的效果就很差，因为零售商就要承担全部的零售成本波动风险。因此，是否实施 RPM 取决于对上述两种效应的权衡。Rey 和 Tirole（1986）认为，只有在需求波动很大时，制造商实施 RPM 才可能优于竞争或实施排他区域限制。但在零售成本不确定的情况下，RPM 的保险作用却非常糟糕，因为由于价格被固定，零售商承担了全部的风险。Rey 和 Tirole（1986）的观点非常有吸引力，被誉为纵向限制的“后芝加哥学派”代表（于立、吴绪亮，2005），并被后续的研究不断丰富和完善。

沿着 Rey 和 Tirole（1986）的思路，Deneckere、Marvel 和 Peck（1997）发现，在需求面临不确定性且存货需要事先决定的假设下，RPM 具有防止下游“破坏性”竞争的作用。对于一些很容易过时的产品，卖不出去的存货会大幅贬值，当面临需求不确定性时，风险规避的零售商的进货数量会低于最优（纵向一体化）水平，因为一旦需求不足，零售商之间的“破坏性”竞争会迫使他们低价甩卖并大量亏损，此时竞争价格会大幅低于最优（纵向一体化）定价。实施 RPM 杜绝了一旦需求下降时的恶性价格竞争，因而可以提高零售商对产品的存货水平，对制造商和零售商都是有利的。并且，因为 RPM 增加了存货，从而增加了在高需求时的商品可得性，RPM 也能够增加消费者福利。因此，在需求不确定时，RPM 是有利于社会总福利的。任天堂在 20 世纪 90 年代受反垄断审查等原因终止实施 RPM 后，多个地区的销售迅速下滑，也在一定程度上验证了 RPM 在应对需求波动等零售问题中的作用。

当需求不确定时，零售商存货过多必须承担卖不出去产生的损失，存货过少则又面临着潜在利润不能实现的问题。Krishnan 和 Winter（2007）认为，零售商在决定最优存货时也受到类似于 Winter（1993）所提到的纵向外部性和横向外部性的影响。由于制造商利润的存在，零售利润总是小于行业利润，这种纵向外部性倾向于使零售商存货数量小于行业最优的水平；但是，如果消费者在一家零售商买不到该产品，则会转到另一家零售商购买，因而存在溢出效应，这种横向外部性是导致零售商的存货水平高于行业最优水平的因素。这两种效应相抵，存货数量未必会偏离行业最优水平。但是，一旦零售商购买存货后，零售商竞争总会导致价格过低，这就使存货的横向溢出效应小于均衡时的水平，导致存货水平过低。这就使得存在存货问题的市场中很容易看到价格下限 RPM。

第五节　策略性行为与竞争限制

早在100多年前，美国最高法院大法官Hughes就明确了RPM具有与横向价格合谋类似的反竞争关系（Dr. Miles v. Park & Sons，1911）。在很长一段时间里，RPM具有严重反竞争性质曾经是一个主流的看法（Breit，1991），这直接导致各国反垄断机构长期将RPM视为本身违法。

一、价格合谋

RPM反竞争的最主要理由是有助于零售商和制造商之间的合谋（Yamey，1950；Telser，1960；Shaffer，1991；Jullien & Rey，2007；Rey & Vergé，2010）。Telser（1960）指出，制造商对零售商实施价格限制有可能是为了维持制造商之间的卡特尔稳定。卡特尔是脆弱的，因为任何一个成员的失信降价行为都会对其他成员造成严重的损失，而在RPM下，即使某一个制造商降低批发价，也无法影响到市场零售价格，这就使成员间失去了降价这一最具破坏力的手段，因而有助于提高卡特尔的稳定性。Telser也同时指出，如果一个零售商为多个制造商销售产品时，RPM的这种效果极为有限，因为如果一个制造商降低批发价格，销售该产品就能获得比其他产品更高的利润，零售商就会使用一些其他非价格手段，如赠送赠品、优先推荐等，使该产品能够占有更高的市场份额。因此，仅仅靠RPM并不能达到维持卡特尔稳定性的目的，RPM只有在与独家交易等手段合用时才能有利于卡特尔。

Mathewson和Winter（1998）强调，由于零售成本难以被制造商卡特尔观察，因此，如果某一卡特尔成员的产品市场价格下降，其他成员很难知道这是由于背叛行为还是零售成本的客观波动造成的。在RPM约束下，零售成本造成的价格波动被消除了，这使卡特尔成员之间的互相监督变得更为高效。对应地，卡特尔成员要承受零售成本波动的损失。这意味着以 RPM 来维持卡特尔的条件是较为严苛的，需要零售成本波动既不能太大也不能太小，因为太大意味着实施卡特尔的成本太高，而太小（没有波动或波动很小）又根本无须实施 RPM。

Jullien 和 Rey（2007）建立了一个无限期动态模型，描述了当每个制造商都各自面临需求冲击时，RPM 对于维持卡特尔的效果。他们指出 RPM 对合谋有以下三种影响：①RPM 让背叛被发现的概率大大提高，因而有利于卡特尔的稳定。②当生产商无限期博弈且零售商面临需求冲击时，RPM 是否有促进合谋的效果与折现因子以及冲击大小有关。折现因子过大或过小，RPM 都没有促进合谋的效果；当折现因子很大的时候，背叛带来的后期利润的减少使贴现值也会很大，因此哪怕没有 RPM 时卡特尔也是稳定的，所以 RPM 不会被采用。当折现因子非常小时，因为 RPM 限制了成员的价格对当期需求波动的反应，用 RPM 来维持卡特尔代价太大，所以哪怕是接近完全竞争水平的合谋价格，卡特尔成员也会有背叛动机。③与 Mathewson 和 Winter（1998）一致，RPM 减弱了生产商适应需求波动的能力，因此，零售需求冲击过大时，使用 RPM 也无法对卡特尔成员产生有效的约束，因为适应需求波动带来的利润（或避免的损失）高于违背卡特尔的惩罚。

综合来看，RPM 能够成为卡特尔的帮凶，但受到某些客观条件限制。当然，如果不考虑消费者对零售价格稳定的偏好，促进合谋的 RPM 一定会损害消费者福利，并减少总福利。

二、阻止进入

阻止进入常常与排他性交易相联系，就像 Posner 等指出的那样，如果在位者不向其下游提供足够的“好处费”，下游零售商就绝不会放弃与新进入者以更低价格进行交易的机会（Posner，1976；Rasmusen et al.，1991；Segal & Whinston，2000；Fumagalli & Motta，2006）。Asker 和 Bar - Isaac（2014）的研究发现，RPM 也可以制造出这种“好处费”，而且由于此时惩罚是不必要的，因此可以避免签订排他性交易合约（因为排他性交易很可能更容易被视为一种反竞争手段），同时达到排他交易的目的。其道理很简单，在零售商具有进入壁垒时，如果能够使零售商拒绝销售新进入者的产品，制造商就能保持其在生产端的垄断地位。基于这一目的，在位的垄断制造商通过 RPM 以及低批发价，将一部分垄断利润出让给零售商，如果有零售商接受新进入者进入市场，则原在位者将失去垄断利润，分给零售商的超额利润也将会消失。这样，零售商就会拒绝为新进入者销售产品，从而维持在位生产者的垄断地位。因此，考虑到固定成本因素，除非在效率上远高于在位生产商，否则新进入者就不可能向零售商支付更高的补贴（更低的批发价），有效竞争就会受到阻止。特别是在市场势力不对称的情况下，在位者使用 RPM 虽然牺牲了一部分垄断利润，但保住垄断地位仍然是有利可图的（Salop & Scheffman，1983）。在一些特定条件下，比如当零售商的规模有限制且制造商存在最小有效规模时，制造商需要支付的补贴会更小（Fumagalli & Motta，2006），RPM 阻止进入作用会更大。

三、减弱品牌间竞争

实施 RPM 会降低同一品牌内各零售商之间的竞争，但 Posner（2001）等反复强调，由于品牌之间竞争的存在，RPM 对品牌内竞争的限制作用并不可怕。然而，一些学者发现，对品牌内竞争的纵向约束有可能产生限制品牌间竞争的作用（Shaffer，1991）。在上游生产者为了争夺零售货架形成完全竞争的场合，具有异质性的零售商可以通过提高生产者定价来实现零售价提高，由此获得更大的行业利润。这是因为，由于零售商之间垄断竞争，零售价格通常低于垄断价格，提高行业零售价格能够获取垄断利润。两个零售商协调定价是严重违法的。但如果一个零售商与制造商约定最低限价，从而单方面提高价格，另一个零售商的最优反应也会提高零售价格，从而使行业利润提高。但零售商如何向对手保证其单方最低价格的自我约束是有效的，则仍然是一个问题。但如果零售商向制造商收取货架费，就能迫使制造商提高批发价以补偿货架费支出，而高的批发价能够成为限制零售商价格下降的一个有利因素。因此，策略性地提高上游价格很可能只是为了降低零售商之间的价格竞争。这一研究结论很容易被推广：上游市场是垄断竞争时，如果制造商之间为了提高价格，同样可以向零售商支付通道费并制定最低限价，使上游市场高批发价成为一个有约束力的承诺。无论在哪种情况下，消费者和社会福利因为竞争限制会受损。

作为电子音乐市场的巨头，苹果在网络音乐市场一直拒绝内容提供商在其 iTunes 商店制定零售价；但当苹果进入电子书市场时，并没有像该市场的原有主导厂商 Amazon 那样实行批发零售价模式，而是在其 iBookstore 使用 RPM 定价模式，其电子书的价格由内容提供商自行确定，同时苹果公司与其内容提供商按3∶7的比例收入分成。Foros 等（2017）的研究认为，苹果在不同市场的不同价格模式下选择，是根据上游和下游不同市场竞争程度，将定价权在上下游之间进行转移的一种策略行为。通过建立上游多个生产商，下游多个零售平台同时销售多个产品的博弈模型，Foros 等发现，使用 RPM 可以把定价权转移到竞争程度更弱的市场端，从而使该价格更接近于垄断市场定价，在利润分成制度下，这对制造商和零售商都是有利的。特别地，当苹果使用 RPM 而 Amazon 使用零售平台定价时，因为避免了双重加价问题，内容提供商会在苹果制定更低的价格，从而使苹果的 iBookstore 较 Amazon 的 Kindle 处于更有利的竞争地位。

Foros 等的理论发现并不仅限于互联网行业，在早期的录像带租赁行业，利润分成加 RPM 的模式就曾被普遍采用，就如这个理论所预测的一样，录像带租赁行业在转为利润分成与 RPM 后，价格确实被抬高了（Dana，2001；Mortimer，2004）。甄艺凯（2016）对中国汽车市场畸高的“零整比”（即将一辆车拆成零部件单独卖的总价与整车的价格之比）研究发现，当最上游零部件供应商与最下游提供售后服务的零售商都是完全竞争，而只有处于中游的整车制造商有一定差异化，且零部件供应商与售后服务商必须通过整车制造商的转售才能交易，制造商在产品和售后零部件市场实行双重 RPM，降低整车售价并抬高售后零部件售价，则可以实现制造商利润的优化。

由于直接的价格合谋将受到严厉的反垄断处罚，制造商往往通过一些间接的手段，隐蔽地阻碍竞争。正如 Rey 和 Stiglitz（1988）所说的那样，零售商就像一个“反应机器”，制造商通过 RPM 等纵向约束对这个“反应器”进行设定，使竞争对手的行为得以协调。也正因为如此，如何将这些隐蔽的反竞争行为与那些促进效率的行为区分开，就成为反垄断政策实施中的一个关键问题。

本节从如何区分“好的”和“坏的”RPM入手，对经典的RPM文献进行了梳理，尝试寻找这两类具有相同形式的RPM的识别依据，这无疑对反垄断政策实施具有重要的参考意义。Breit（1991）在谢尔曼法案一百周年时回顾了RPM政策的一波三折，以及RPM理论的螺旋式发展后说，“可以大胆猜想，（RPM研究的）历史终点还远未到来”，这句话放在今天也仍然适用。我们希望基于经典文献梳理所展开的尝试性研究可以引发更多的思考。

第四章 跨期外部性、零售服务与转售价格维持

第一节 引言

近半个多世纪以来，以 Telser（1960，1990）、Posner（2001，2007）、Winter（1993，2009，2016）等为代表的一大批著名学者的研究表明，制造商对零售价格进行干预（RPM）可以控制零售商之间的品牌内竞争，激励零售服务水平的提高。零售服务理论对之后经济学家和法学家们的看法影响巨大。2007 年，美国最高法院在丽晶案以合理原则替代了 1911 年 Dr. Miles 案建立的 RPM 本身违法原则，其依据正是“RPM 在控制品牌内竞争的同时促进零售服务水平”这一效率理由。而本节的研究发现，即使不存在品牌内价格竞争与零售服务水平的冲突，由于能够解决产品不同消费阶段之间的外部性，RPM 仍然能够实现零售服务水平的帕累托改善，为支持 RPM 实行本身合理原则提供了新的理论证据。

几乎所有的零售服务理论都与控制品牌内竞争相关。Telser（1960）在他那篇经典的论文中指出，一些零售服务能够提高消费者的需求，但如果市场中某些零售商实施低价格和低服务水平的策略时，消费者就可以从高价格零售商处获得

服务后，转到低价格零售商处购买，这种消费者搭便车行为会导致市场中零售服务提供不足。RPM 能够阻止消费者这种搭便车行为并提高零售服务水平。Mathewson 和 Winter（1983）的研究认为，搭便车产生的原因在于消费者对价格的搜寻成本差异：零售商对高搜寻成本的消费者具有一定的市场势力，零售商将向高搜寻成本消费者提供高信息水平的零售服务并索取高的价格，而低搜寻成本的消费者则在获得这些服务后在另外一些低服务水平及低价格的零售商处购买。Winter（1993）的研究则发现，那些在零售商之间转换的消费者对零售服务（主要是购物时间）的估价也很低，因此，为争夺这部分边际消费者，零售商会更偏好使用价格而非零售服务。显然，Winter 认为 RPM 的作用并非阻止消费者搭便车，而是防止价格竞争对零售服务水平的损害。Chen（1999）把消费者区分为高转换成本的“本地消费者”和低转换成本的“比较消费者”，在零售商能够对两类消费者进行价格歧视的情况下，零售商将按转换成本差异而非消费者对零售服务的偏好进行价格歧视，RPM 可以消除这种价格歧视并有利于制造商的利润最大化。Schulz（2007）沿用 Chen（1999）的思路把消费者区分为偶发购买者和比较购买者，并假设零售商的服务会成为对比较购买者的竞争工具，因而 RPM 通常会增加总需求。尽管上述研究视角和结论各不相同，但共同之处在于，由于消费者的特征差异，零售商会更倾向于使用价格竞争而非服务竞争来吸引消费者，导致零售服务水平不足，因此，制造商通过控制价格竞争以提高零售服务竞争水平。国内一些学者的相关研究（于立等，2013；张自然、祝伟，2016）也关注到价格和零售服务的关系。

注意到，很多产品都因其易耗性质被消费者重复购买，如服装、日用品、药品等，这些产品存在众多替代性品牌并同时被众多零售商经销。消费者对某一品牌的偏好都经历了一个从尝试消费到忠诚消费的过程。显然，尝试消费是消费者成为忠诚消费者的“关键一跳”，零售商服务直接影响了消费者这“关键一跳”，并对制造商的需求产生持久的意义。不过，随着消费者对生产者品牌的忠诚度提高，零售店对消费者的差异性下降（Chen，M.，L.，2004），这意味着一个零售商对消费者忠诚消费者努力会对其他零售商产生正的外部性，并导致零售服务激励不足。RPM 通过提高对零售商对消费者第一阶段的补偿，使第二阶段的收益能够在第一阶段得到内化。因此，即使不存在价格竞争和服务水平的冲突，只要尝试消费和忠诚消费之间存在外部性，零售服务水平就可能有不足，RPM 就可以消除这种扭曲。

认识到控制品牌内竞争并非零售服务理论存在的前提，是对服务理论的一个重要补充，不仅可以拓展服务理论的应用范围，而且可以更完整地理解构成服务理论的各个假说之间的内在联系。零售服务理论内部对一些经典的问题的回答，如“为什么 RPM 大多在产品进入市场的早期使用”、“为什么零售商会愿意遵守 RPM”（Klein & Murphy，1988）、“为什么廉价的商品也被使用 RPM”（Winter，1993）、“为什么 RPM 更容易在高质量产品使用”（Marvel & McCafferty，1984），各个假说解释大多局限于其特定的语境，且至今没有任何研究对上述假说之间的内在联系进行梳理。在引入消费的阶段性特征差异后，我们就能发现包括本书在内的上述假说的内在联系，这对理解零售服务理论及其在反垄断政策的应用，具有重要的理论和政策含义。

接下来的内容安排如下：第二部分是一个基本模型，给出了存在尝试消费和忠诚消费时，一体化和非一体化时零售市场均衡；第三部分给出了在纵向约束下的零售市场均衡，并与基准模型的情况进行比较；第四部分讨论了我们的模型的解释力，以及不同消费阶段对之前各经典假说的经济意义；第五部分是总结。

第二节 基本模型

1. 假设

基本模型的假设如下：

假设 1：上游市场和下游市场都是垄断竞争的。生产商以不变边际成本 c 生产，以统一的批发价P_w卖给所有零售商。纵向一体化由于成本等原因无法实行。生产商可以使用两部定价，因而不存在双重加价问题：生产商可以将批发价定为c以消除纵向外部性，并向零售商一次性征收一笔固定费用或加盟费 FF（Franchise－fee），获得全部行业利润。

假设 2：消费者的购买分为尝试消费和忠诚消费两个阶段。在尝试消费阶段，消费者是否购买该产品完全取决于零售商的现场促销服务，该服务只能由零售商在店内提供，且生产商无法监督该服务水平。零售商对每一个消费者提供促销服务有不变的边际成本，每单位消费者的每单位促销强度需要成本b元。一旦消费者在尝试消费阶段购买并消费该产品后，该消费者即成为该产品的忠诚消费者，即始终在随后的多期中每期都只购买该产品。

假设 3：在尝试消费阶段，零售商数量为n_1，在忠诚消费阶段，零售商数量为n_2，如无特殊说明，我们假定$n_1 = n_2 = n$。所有零售商均是对称的，促销服务外的其他零售成本设为零。

假设 4：消费者随机光顾市场上的零售店。为简便，市场上的消费者总量标准化为 1。

假设 5：零售商提供促销服务强度为A时，店内消费者有$h(A)$的比例会被说服。$h' > 0$，$h'' < 0$。

假设 6：每个被说服购买的消费者的需求函数均为$f(p_i)$，$f' < 0$，$f'' > 0$。p_i为零售商 i 提供的价格。

假设 7：贴现因子恒定不变，为δ。

假设 8：这个产品是一个消费者会反复购买的产品。因此，这里所有的博弈都是无限期博弈。博弈的时序如下：

第一期为尝试消费期，分为以下三个阶段：第一阶段：制造商制造产品，设定批发价格和固定费，将产品卖给零售商；第二阶段：每个零售商设定各自的零售价格与促销服务强度；第三阶段：每个消费者以均等概率随机进入一家零售店，接受A水平的促销服务并以$h(A)$的概率购买。

第二期为忠诚消费期，也分为以下三个阶段：第一阶段：制造商制造产品，设定批发价和固定费，将产品卖给零售商；第二阶段：每个零售商设定各自的零售价格；第三阶段：每个在第一期被促销并购买的忠诚消费者以均等概率随机进入任一家零售店并购买。

第三期及以后各期：重复第二期的博弈过程。

2. 纵向一体化厂商的均衡

像研究纵向关系的大多数论文一样，我们将纵向一体化厂商利润最大化的解视作垄断生产商的最优解。将纵向一体化厂商的利润记为π^I，其第一期即尝试消费期的利润记作π_1^I，第二期和以后各期即忠诚消费期的利润是完全一样的，统一记作π_2^I。由于零售店的对称性，纵向一体化的厂商会制定统一的价格和广告强度。纵向一体化厂商的利润函数为：

$$\pi_1^I = h(A)f(p_1)(p_1 - c) - bA \tag{1}$$

$$\pi_2^I = h(A)f(p_2)(p_2 - c) \tag{2}$$

$$\pi^I = \pi_1^I + \frac{\delta}{1-\delta}\pi_2^I = h(A)f(p_1)(p_1 - c) + \frac{\delta}{1-\delta}h(A)f(p_2)(p_2 - c) - bA - nFX \tag{3}$$

其中，不变边际生产成本c，广告成本b，折现因子δ都为外生给定；纵向一体化厂商利润最大化的选择变量为第一期零售价格p_1、第二期零售价格p_2和广告强度A。使纵向一体化厂商利润最大化的解（p_1^*，p_2^*，A^*）由以下一阶条件给出：

$$\frac{\partial \pi^I}{\partial p_1} = f'(p_1)(p_1 - c) + f(p_1) = 0 \tag{4}$$

$$\frac{\partial \pi^I}{\partial p_2} = f'(p_2)(p_2 - c) + f(p_2) = 0 \tag{5}$$

$$\frac{\partial \pi^I}{\partial A} = h'(A)f(p_1)(p_1 - c) + \frac{\delta}{1-\delta}h'(A)f(p_2)(p_2 - c) - b = 0 \tag{6}$$

（4）式～（6）式显示了如果生产商能够实行纵向一体化时三个变量的最优水平。接下来我们考察无纵向约束时的市场均衡。

3. 无纵向约束市场均衡

由于零售商的对称性，我们将专注于某个零售商（记为 ri）。这个零售商决策时将所有其他零售商（记为 rj）的行为视为给定。零售商 i 在第一期的利润表达式如下：

$$\pi_1^{ri} = \frac{1}{n}h(A^{ri})f(p_1^{ri})(p_1^{ri} - P_{w1}) - \frac{1}{n}b\,A^{ri} - FF_1 \tag{7}$$

（7）式表明，零售商 i 在第一期的收入完全取决于其自身的零售服务努力，而不受其他零售商的影响。因此，不存在如 Telser 所说的消费者搭便车问题。

在第二期，零售商 i 的收入完全来自忠诚消费者，且分为两部分：一部分在第一期接受过自己的零售服务；另一部分在第一期接受过其他零售商的零售服务。其利润为：

$$\pi_2^{ri} = \frac{1}{n}\left[\frac{1}{n}h(A^{ri}) + \frac{n-1}{n}h(A^{rj})\right]f(p_2^{ri})(p_2^{ri} - P_{w2}) - FF_2 \tag{8}$$

零售商的总利润函数为：

$$\pi^{ri} = \pi_1^{ri} + \frac{\delta}{1-\delta}\pi_2^{ri} \tag{9}$$

在两部收费下，制造商制定的批发价为$P_{w1} = P_{w2} = c$。由于零售商的同质性和对称性，可知$p_1^{ri} = p_1^{rj} = p_1$，$p_2^{ri} = p_2^{rj} = p_2$，$A^{ri} = A^{rj} = A$。零售市场的均衡（$p_1^r$，$p_2^r$，$A^r$）即由下列一阶条件给出：

$$\frac{\partial \pi^r}{\partial p_1} = f'(p_1)(p_1 - c) + f(p_1) = 0 \tag{10}$$

$$\frac{\partial \pi^r}{\partial p_2} = f'(p_2)(p_2 - c) + f(p_2) = 0 \tag{11}$$

$$\frac{\partial \pi^r}{\partial A} = h'(A)f(p_1)(p_1 - c) + \frac{\delta}{1-\delta}\frac{1}{n}h'(A)f(p_2)(p_2 - c) - b = 0 \tag{12}$$

将零售商的最优解（p_1^r，p_2^r，A^r）代入行业利润最大化的一阶条件（4）式～（6）式可以发现，（4）式、（5）式均成立，也就是说两部收费可以使零售商与制造商在最优零售价格制定上保持激励兼容；但是，（6）式的第二项比（12）

式的第二项少了$\frac{1}{n}$，而$h'>0$，所以满足（12）式的（p_1^r，p_2^r，A^r）代入（6）式后，（6）式的左边始终大于零。由于$\frac{\partial^2 \pi^I}{\partial A^2}<0$，所以零售商的最优零售服务水平低于行业最优水平。

导致零售商的广告服务水平过低的原因在于，由于忠诚消费者对零售商的选择是无差异的，对于单个零售商来说，所有受它自己第一期零售服务所影响的消费者中，只有$\frac{1}{n}$的比例会在后期重复购买时回到它自己那里，剩下的$\frac{n-1}{n^2}$单位消费者，都在后期的重复购买中去了其他的（$n-1$）家零售店。也就是说，每一个零售商在尝试消费期的零售服务投入后都会在之后的各个忠诚消费期对其他零售商产生持续的外部性，这种零售商之间的“跨期外部性”导致零售商在尝试消费期提供的零售服务不足。比较（6）式和（12）式可以发现，零售商数量n越大，则零售服务偏离行业最优水平就越严重。

命题1：尝试消费和忠诚消费之间的“跨期外部性”导致零售服务水平不足。零售商数量越多，搭便车问题越严重。

由于固定费FF的存在，制造商总能抽取零售商所能得到的全部利润。所以，一个不能纵向一体化的制造商需要做的，就是如何促使零售商的最优决策（p_1^r，p_2^r，A^r）与行业利润最大化的最优决策（p_1^*，p_2^*，A^*）相一致。我们已经看到，制造商仅仅依靠批发价格和固定费无法实现最优决策。接下来，我们将探讨制造商在能够使用其他纵向约束工具的情况下，是否能够实现零售服务激励与行业最优保持一致。

第三节　纵向约束均衡

我们看到，制造商仅使用两部定价无法实现最优利润。接下来，我们考察在常用的纵向约束下的均衡状况，包括数量下限（QF）、排他性经营区域（CTD）和转售价格维持（RPM）。

1. 数量下限

数量下限是指制造商要求零售商至少购买（批发）一定数量的商品。由前面的分析可以知道，既然在仅使用两部定价时，零售商的各期零售价格与制造商最优水平相一致，但广告水平过低，因此零售商的销售量低于一体化的最优水平。当允许制造商使用数量下限这个约束工具时，制造商一定要将其设为$q_1^*=q(p_1^*, A^*)$，$q_2^*=q(p_2^*, A^*)$才有可能实现制造商的利润最大化。此时，零售商最大化其利润的约束条件在第一期为：

$$\frac{1}{n}h(A^{ri})f(p_1^{ri})\geq q_1^* \tag{13}$$

在之后各期是：

$$\frac{1}{n}\left[\frac{1}{n}h(A^{ri})+\frac{n-1}{n}h(A^{rj})\right]f(p_2^{ri})\geq q_2^* \tag{14}$$

于是，零售市场的均衡由下列等式决定：

$$h(A)[f'(p_1)(p_1-P_{w1})+f(p_1)+\lambda_1 f'(p_1)]=0 \tag{15}$$

$$\frac{\delta}{1-\delta}h(A)\left[f'(p_2)(p_2-P_{w2})+f(p_2)+\lambda_2\frac{1-\delta}{\delta}f'(p_2)\right]=0 \tag{16}$$

$$h'(A)[f(p_1)(p_1-P_{w1})+\lambda_1 f(p_1)]+\frac{\delta}{1-\delta}\frac{1}{n}h'(A)\left[f(p_2)(p_2-P_{w2})+\frac{\lambda_2}{n}f(p_2)\right]-b=0 \tag{17}$$

其中，λ_1与λ_2为约束条件（13）式与（14）式的影子价格。

将（15）式～（17）式与（4）式～（6）式相比较可以发现，若要使(p_1^*, p_2^*, A^*)也能满足（15）式、（16）式，则必须有$P_{w1}=c+\lambda_1$与$P_{w2}=c+\lambda_2\frac{1-\delta}{\delta}$，但这将使$(p_1^*, p_2^*, A^*)$无法满足（17）式。也就是说，无论$P_{w1}$、$P_{w2}$、$\lambda_1$与$\lambda_2$取何值，都无法使零售价格与广告服务同时达到最优。其经济直觉是，零售商可以通过降低价格或提高零售服务两种手段来实现数量下限，但是由于"跨期外部性"问题，零售价与零售服务对零售利润的"边际替代率"发生了扭曲①，因此即使零售销量能够达到行业最优量，制造商也会因为价格和服务水平的扭曲而无法实现行业最优利润。

2. 排他性经营区域

排他性经营区域（CTD）是指制造商固定零售商的销售范围。假定制造商将全部销售区域均匀地区分为 n 个排他性经营区域，这样在一定空间范围内的消费者只可能在同一家零售商购买到该品牌产品，一个消费者从尝试消费进入忠诚消费阶段后，就不可能在其他零售商处购买该产品，因此，该零售商第一阶段利润函数与（7）式相同，第二阶段利润函数为：

$$\pi_2^{ri} = \frac{1}{n}[h(A^{ri})]f(p_2^{ri})(p_2^{ri} - P_{w2}) - FF_2 \tag{18}$$

零售商的利润优化的价格条件与（4）式、（5）式一致，其利润最大的零售服务水平由下式决定：

$$\frac{\partial \pi^r}{\partial A} = h'(A)f(p_1)(p_1 - c) + \frac{\delta}{1-\delta}h'(A)f(p_2)(p_2 - c) - b = 0 \tag{19}$$

注意到（19）式和（6）式是一致的，即在CTD下零售商利润最大化的价格和零售服务条件与行业达到利润最大化的（p_1^*，p_2^*，A^*）的一阶条件完全一致。因此，CTD能够解决零售商搭便车问题。

3. 转售价格维持

在仅有固定费和批发价格两个可控变量的时候，制造商要激励零售商提供足够的广告激励就必须降低批发价格，以使其在第一期有足够高的利润来激励零售服务，但由于制造商与零售商之间的纵向外部性问题，批发价格低于生产成本 c 则又会导致零售商的零售价格低于最优水平。因此，仅仅依靠两部收费和批发价无法同时解决零售商与制造商之间的纵向外部性，以及零售商之间的跨期外部生

① 比如，纵向一体化时第一期的价格与广告对利润的边际影响之比为（4）式等号左边比（6）式等号左边，但非一体化的第一期零售价格与广告对零售商利润的边际影响之比变为（4）式等号左边比（12）式等号左边。由于相比于（6）式，（12）式多了个 $1/n$，所以非一体化的零售商会用更低的价格去替代更高的广告强度，最终导致哪怕销量达到制造商最优水平，广告和价格也达不到最优水平。

问题。如果制造商可以通过 RPM 限制最低零售价格，制造商与零售商之间的纵向外部性问题就不再存在，降低批发价格就可能为提高零售服务提供足够的激励。

制造商将p_1^{RPM}定为p_1^*，则零售商只决定其广告水平。零售商广告水平由下式决定：

$$\frac{\partial \pi^r}{\partial A}=\frac{1}{n}\left\{h'(A)f(p_1^*)(p_1^*-P_{w1})+\frac{\delta}{1-\delta}\frac{1}{n}h'(A)f(p_2)(p_2-P_{w2})-b\right\}=0 \tag{20}$$

为了使其与（6）式一致，制造商只需要将P_{w2}定为 c ［这时化简后与（5）式形式完全一样的（11）式将使得p_2等于p_2^*］，并且将P_{w1}定为$\left[c+\frac{1-n}{n}\frac{\delta}{1-\delta}(p_1^*-c)\right]$即可。此时化简后的（20）式与（6）式形式上完全一致，这意味着A^r与A^*一致。于是（p_1^r，p_2^r，A^r）就和（p_1^*，p_2^*，A^*）相一致。

4. CTD 与 RPM 比较

虽然 CTD 与 RPM 都能改善制造商的处境，但是 CTD 对“跨期外部性”问题的解决以零售商数量不变为条件，但实际上，零售商的数量往往随着产品的市场周期发生变化。我们考虑零售商数量第一期为n_1，第二期增加至n_2（$n_2>n_1$）的情形。此时，纵向一体化利润条件仍然由（4）式～（6）式决定。在 CTD 下，零售商利润最大化的一阶条件与（4）式、（5）式相同，但其最优零售服务水平的一阶条件为：

$$\frac{\partial \pi^r}{\partial A}=h'(A)f(p_1)(p_1-c)+\frac{\delta}{1-\delta}\frac{n_1}{n_2}h'(A)f(p_2)(p_2-c)-b=0 \tag{21}$$

显然，除非$n_2=n_1$，否则（20）式无法与（6）式保持一致，当零售商数量不断增加时，CTD 下仍然存在零售服务水平提供不足的问题。

在 RPM 下，零售商利润最优零售服务水平的一阶条件为：

$$\frac{\partial \pi^r}{\partial A}=h'(A)f(p_1^*)(p_1^*-P_{w1})+\frac{\delta}{1-\delta}\frac{1}{n_2}h'(A)f(p_2)(p_2-P_{w2})-b=0 \tag{22}$$

制造商只要规定$p_{w1}=c+\frac{1-n_2}{n_2}\frac{\delta}{1-\delta}(p_1^*-c)$，$p_{w2}=c$，就能保证（22）式与（6）式一致。

命题 2：当各期零售商数量保持稳定时，CTD 与 RPM 均能解决零售商“跨期外部性”问题；当零售商数量处于增长阶段时，只有 RPM 才能解决零售商“跨期外部性”问题。

命题 2 对在什么具体情况下需要使用何种纵向约束手段来解决零售商搭便车问题给出了回答，因而对反垄断实施具有明确的政策含义。由于在所有纵向约束手段中，反垄断对 RPM 最为严厉，命题 2 说明 RPM 较 CTD 能够解决更多的问题，为 RPM 适用合理原则给出了一个可识别的理由。

在制造商推出某一品牌的早期，市场知名度不高，为产品代销的零售商数量相对较少。一般而言，消费者仅对高质量产品才形成忠诚消费，并且代销该产品的零售商数量会随着市场对该产品质量的认知而增加；因此，产品质量与跨期外部性具有正相关关系，并且这种关系能够被零售商预见到，对其尝试消费阶段的服务投入产生负的影响。另外，只有能够对自己的产品具有足够信心的制造商，才可能敢于向零售商“预付”来自忠诚消费的一部分收入。这就能够解释“为什么 RPM 更易于被高质量的产品使用”。

5. 福利分析

由于零售商的对称性，无论是使用纵向约束还是不使用纵向约束，消费者总剩余的表达式始终为：

$$CS(P_1,P_2,A)=h(A)\left[\int_{P_1}^{+\infty}f(P)\mathrm{d}P+\frac{\delta}{1-\delta}\int_{P_2}^{+\infty}f(P)\mathrm{d}P\right] \tag{23}$$

我们用CS^N表示没有实施任何纵向约束时的消费者剩余，用CS^{FF}、CS^{CTD}与CS^{RPM}分别表示仅使用两部定价、使用两部定价与销售独占区域、使用两部定价与转售价格维持时的消费者剩余。由于$h'>0$，$f'<0$，所以$CS_A>0$，$CS_{P_1}<0$，$CS_{P_2}<0$。由于$h(A^{RPM})>h(A^{CTD})>h(A^{QF})>h(A^N)$可知$CS^{RPM}>CS^{CTD}>CS^{QF}>CS^N$。

上述福利比较的结果非常直观。由于无论是 RPM 还是 CTD，最优的零售价格都没有改变，因此，单个消费者在购买后的剩余保持不变；但是，由于零售服务投入增加，零售服务水平提高，吸引了更多的新的消费者购买，因此，消费者福利在整体上是增加的。对生产者而言，由于能够实施两部定价获得全部生产者剩余，这部分新增消费也意味着生产者剩余的净增加。因此，在实施 RPM 后，社会总剩余是净增加的。

第四节　讨论与结论

一、讨论

无论是在反垄断司法实践中还是在理论研究中，RPM 一直是一个悬而未决的问题。在司法实践中，包括中国、欧洲、北美、日本等多数国家和地区都对 RPM 实行本身违法原则，甚至美国曾经在本身违法与合理原则的适用上几经反复。在理论上，虽然对 RPM 合法的质疑仍然存在（Rey P.，Tirole J.，1986；Jullien & Rey，2007；Hunold，M. & Muthers，J.，2017），但近年来越来越多的理论研究支持 RPM 应实行合理原则，特别是自 Telser（1960）指出 RPM 可以防止消费者搭便车并提高零售服务水平后，服务理论从不同的视角出发，形成服务搭便车、零售商信誉搭便车、零售服务横向外部性等各种假说，证明 RPM 能够提高零售服务水平且具有效率理由（Telser，1960；Marvel & McCaffy，1984；Mathewson & Winter，1983；Winter，1993；Schulz，2007）。最早实行 RPM 的麦克米兰公司以及后来的很多生产商都声称，他们实行 RPM 是为了提高零售效率（比如为了保证零售商能够提供足够的服务），而不是为了排除竞争的目的（Breit，1991）。丽晶案标志着零售服务理论已经成功地影响了反垄断政策。然而，需要注意到，上述假说在被应用到反垄断诉讼时仍然被视为是割裂开的个体，甚至在这些假说之间也存在激烈的争议，这大大影响了服务理论在反垄断政策应用的解释力（Ippolito，1991）。

例如，Telser（1960）的搭便车理论被公认为是最具影响力的理论之一，但同时也是受到挑战最多的理论。Marvel 和 McCafferty 指出，搭便车理论不能解释，为什么 RPM 在产品进入市场的早期被更多地使用，以及为什么对于那些类似的产品，总是那些高质量的厂商更倾向于使用 RPM，而低质量的厂商却不这么做；他们提出的解释是，制造商为了借助零售商的信誉来向消费者传递其产品信息，就必须使用 RPM 以避免低信誉零售商与高信誉零售商对同一产品的价格差异，即防止“信誉搭便车”。尽管 Marvel 和 McCafferty 委婉地表示自己提出“质量论证假说”与 Telser 的搭便车理论是互补的，但事实上，两者的假说之间并不存在什么内在关联。在另一篇著名的论文里，Klein 和 Murphy（1988）则指出，一些零售商可以通过赠送、折扣等隐性手段很容易地突破 RPM 实施降价，但这些零售商却并没有这么做，因此，Murphy 认为搭便车理论并没有揭示出制造商实施 RPM 的真正原因，他认为制造商是通过以“利润分享”而非价格控制实现了零售商服务激励。然而，“质量论证假说”同样不能回答 Murphy 的质疑，反过来，Murphy 的假说也无法解答 McCafferty 的疑问。总体来看，到目前为止，支持服务理论的各个假说在整体上不仅不能互相支持，甚至同样以零售服务为效率理由为 RPM 进行辩护时，Telser（1990）、Murphy、Winter 这些著名学者都曾各执一词①。这些假说之间的分歧和具体选择本身就会成为一个令人困惑的难题。

我们的“跨期外部性”理论能够一以贯之地对上述疑问进行解释：对于一些重复消费的产品，即使如牛仔裤这样单件价格不高的产品，零售商之间提供或不提供零售服务的差价不足以吸引消费者搭便车，但由于存在忠诚消费阶段“跨期外部性”问题，零售商在尝试消费阶段的零售服务努力仍然有不足，此时制造商实施 RPM 的目的并不是控制零售商品牌内竞争，而只是内化其零售努力在忠

① Murphy 强调搭便车理论没有正确地发现 RPM 的实施原因；Telser（1990）认为，Murphy 等根本没有理解搭便车的真正含义；Winter 在明确表达对 Murphy 理论异议的同时，委婉地认为搭便车理论解释力有限。

诚消费阶段的溢出效应，因而包括 Murphy 所说的隐性降价等在内的任何形式的降价行为也就不会发生。并且，对于同一类型产品，高质量产品较低质量产品更容易使消费者在尝试消费之后形成忠诚消费，因此，“跨期搭便车”问题更容易在高质量产品中发生，也就更容易被使用 RPM。如果一些产品在经过尝试消费阶段后，忠诚消费的规模足够大，并且生产者的广告以及消费者之间的信息交流足以替代零售服务对消费者的影响，制造商就没有必要再实施 RPM；但对于那些不断有新的消费者面临尝试消费的产品，RPM 就会具有持续存在的必要。由此，我们的理论不仅解释了为什么一些零售商愿意遵守 RPM，也很好地解释了 RPM 的阶段性特征，以及为什么更易于被高质量的产品特别是在进入市场的早期被使用。

引入尝试消费和忠诚消费的区分，我们就能很清晰地看到，不同产品在不同消费阶段具有不同的特征，尽管在这些阶段 RPM 都可能被使用，但其具体的目的和功能却因这些特征而变化——这是这些被认为甚至有些“混乱”的假说之间存在着内在联系。本质上来说，这些假说是一个有机的整体。当消费者对某些产品就处于尝试消费阶段时，如果消费者的转换成本低于零售服务的价值时，Telser 所描述的“消费者搭便车”就会发生并导致零售服务不足；但即使消费者的转换成本高于零售服务的价值，因而消费者搭便车不会发生，只要存在忠诚消费，RPM 仍然能够提高零售服务水平。因此，RPM 可以被仅用来解决“消费者搭便车”，也可以被仅用来解决“零售商跨期搭便车”，也可以被用来同时解决二者。

在我们的理论之前，控制品牌内价格竞争被普遍认为是实施 RPM 的最本质的特征（Posner，2001）。尽管 Mathewson 和 Winter（1984）等已经敏锐地观察到，零售商之间的外部性是导致制造商实施 RPM 的一个重要原因，但由于没有考虑到忠诚消费产生的跨期外部性，品牌内的价格竞争仍然是制造商实施 RPM 的一个必要条件。事实上，之前绝大多数的理论都是这么认为的，并且 Murphy 等对“消费者搭便车”理论的质疑以及其进一步提出“利润分享”假说，也仍然是建立在这一认识基础上的。我们的理论表明，约束价格竞争并不是制造商使用 RPM 的必要条件，内化跨期外部性就可能足以使制造商实施 RPM，这无疑大大拓宽了服务理论在反垄断政策中的应用范围，因而具有重要的政策含义。

需要强调的是，引入忠诚消费概念并不意味着对品牌内价格竞争与 RPM 关系的淡化，相反，它能够让我们更准确地理解 RPM 对控制品牌内价格竞争的实际作用。现实中消费者的消费区分可能更为细致：同一个消费者在不同时间阶段可以分为尝试消费和忠诚消费两个阶段，在同一个时期，不同消费者又可以区分为尝试消费者和忠诚消费者。由于零售商对尝试消费者提供零售服务需要索取更高的零售价格，如果只能实施单一定价，对忠诚消费者的价格竞争就可能导致价格过低，从而无法为尝试消费者提供零售服务，因此，RPM 可以解决由于这种横向外部性产生的零售服务不足问题。在 Monsanto v. Spray（1984）一案中，在零售商 Spray 违反最低限价降价后，其吸引的消费者都是那些“具有丰富经验的老顾客”，也即本书意义上的忠诚消费者，而不是那些“搭便车的消费者”，恰恰说明那些尝试消费者为了获得零售服务向其他零售商支付了高的零售价格，并且，RPM 仍然阻止了消费者搭便车。而在本书之前，Monsanto 案例却被很多作者认为是搭便车理论的一个典型例外（Winter，1993；Schulz，2007）。

忠诚消费对 RPM 的影响几乎从未引起相关文献的注意，究其原因，可能是一旦进入忠诚消费阶段，零售服务对消费者就不再具有特别的含义。因此，在我们之前的服务理论，几乎都是把分析建立在产品的尝试消费阶段，或者尝试消费者的假设之上。然而，我们的研究证明，忠诚消费会影响零售商在尝试消费阶段的零售服务投入水平，这无疑极大地拓展了服务理论的适用范围。特别是当我们把忠诚消费的影响考虑进来后，之前被认为是分散的假说构成了一个分工明确的理论体系，这对理解 RPM 以及服务理论在反垄断政策中的应用都具有重要意义。

二、结论

本节构建了一个产品具有重复消费特征的厂商博弈模型。在一个上下游都是垄断竞争的市场结构下，如果产品具有尝试消费和忠诚消费的特征，由于零售商在尝试消费阶段的服务努力会在忠诚消费阶段对其他零售商产生“跨期外部性”，由此导致零售商在尝试消费阶段的努力不足。RPM 是多种纵向约束中解决这一问题的最优方式，通过提高在尝试消费阶段的零售商报酬以内化忠诚消费阶段的外部性，零售商服务水平能够达到最优，并且对消费者福利是帕累托改善的。

忠诚消费对零售服务的影响是重要的，引入这一概念后，我们能够对零售环节进行更为细致和准确的划分，这种划分能够很好地契合已有的关于零售服务理论的几个主要假说，从而使这些假说成为具有内在联系的整体，这将为 RPM 从本身违法适用本身合理原则提供更为完整的理论支持。

第五章　零售服务与转售价格维持

第一节　引言

对 RPM 的研究进展，大多是因为原有的理论无法解释既有的现实现象。例如，在 Telser（1960）之前，已经有很多研究强调，RPM 是制造商为了防止零售商之间的价格竞争导致零售利润过低，以激励零售商提供足够的零售服务。但如果服务是可以定价的，零售商自己就能够根据消费者的需求提供服务并收取报酬，根本无须制造商的定价干预。正是因为看到这一点，Telser（1960）对零售服务进行进一步的细分，提出了特质性服务的概念，由此将服务理论推升，成为 RPM 最有影响力的支柱理论。

搭便车理论对食品、药品、服装、书籍等产品的解释力并不是很好，很难想象服装厂商实施 RPM 是为了应对一个消费者在一个服装店试穿衣服之后，去另一个没有试衣间但价格略便宜的服装店购买。基于这一问题，Marvel 和McCafferty 提出了“质量论证搭便车假说”：零售商具有消费者代理人的特征，高品质的零售商用自身信誉向消费者提供在质量、款式等方面优于折扣店销售的商品，因此，制造商通过使用 RPM 确保其产品能够被高品质而非折扣零售商销售，事实上是阻止了零售商之间“质量论证信誉”搭便车，从而有利于其需求扩张——这一假说为“RPM 为什么经常被那些新产品所使用?”提供了一个很好的解释，但却不能解释为什么很多具有很长产品生命周期、被消费者熟知的产品也使用 RPM（Marvel, H. P. & McCafferty, 1984），而且，在 Monsanto（1984）案例中，折扣零售商的降价对象是那些了解产品性能、经验丰富的顾客，这也是 Telser（1960）或 Marvel 和 McCafferty（1984）的理论很难解释的。同样地，上述问题也很难被已有的一些其他 RPM 假说解释。因此，一定还存在一些我们尚不清楚的原因驱动着制造商实施 RPM。

如果仔细研究就会发现，现有对 RPM 的效率解释假说尽管角度各异，但都围绕着一个核心，即制造商在消除品牌内竞争的同时能够产生其他一些效率因素，但几乎很少有研究把消除品牌内竞争与品牌间竞争之间的关系联系起来。事实上，Posner、Esterbrook 等早就指出，RPM 最根本的特征是限制了品牌内的零售商价格竞争（这也是其遭受反垄断制裁的根本原因），但却会削弱制造商在品牌间的竞争力，因此，两者之间一定存在效率权衡。这一思想使本书与之前的研究有了根本不同：通过合理地将消费者区分为边际消费者和品牌偏好消费者，我们强调了零售服务对品牌间竞争的作用，同时也考虑了价格变化对品牌内竞争的作用。我们的研究表明，制造商是否实施 RPM、如何实施 RPM，取决于品牌内价格竞争是否会阻碍品牌间竞争的最优零售服务水平的提供。由此，我们对“为什么实施 RPM”提出了一个新的、可检验的理论假说，并且，这一假说能够对之前研究中所争议的案例给出一致的、合理的解释。

我们的研究是从消费者异质性展开的。从 20 世纪 90 年代开始，相关研究开始注意到消费者异质性对 RPM 的重要影响。Winter（1993）认为无论是服务或质量搭便车对纵向约束都不是必要的，消费者在不同零售店之间的搜寻成本以及店内的购买时间成本的差异，才是引起 RPM 的充分条件。Hamilton（1990）观察到，New Jersey 州的零售酒店在 20 世纪 70 年代后期被取消 RPM 后，既如所预料的那样出现了大量折扣店，但同时也出现了很多高于之前最低限价的零售商，其原因在于消费者搜寻成本的差异，而 RPM 通过阻止部分零售商向具有高搜寻成本的消费者索取垄断高价，会产生有利于生产者的均衡结果（Hamilton，1990）。而 Chen（1999）的研究进一步认为，生产者实施 RPM 就是为了限制并诱导零售商的价格歧视方式选择，按照消费者的搜寻成本及消费者效用的差别实施价格歧视，后者对生产者更有利。

受上述研究的启发，我们的研究对消费者进行了一个新的分类。我们把零售商服务区分为品牌功能和附属功能，根据对服务的需求，把消费者区分为品牌偏好消费者和品牌边际消费者。所有的消费者对品牌功能都具有完全信息，但对附属功能则具有不完全信息。品牌功能和价格是影响消费者的决定因素，这是由厂商决定的；给定不同品牌厂商产品的品牌功能和价格，总会出现一些对两个产品无差异的消费者，我们称之为边际消费者，这些消费者对具体品牌的购买，取决于零售商的零售服务。我们发现，零售商为了争夺这些边际消费者，会在不提高价格的情况下提供零售服务，其提供零售服务的成本通过从品牌消费者中所获的利润支出。由此，无论零售服务是否有特质性，零售商都会提供这类服务。

本章的贡献在于，我们把零售服务和品牌间竞争、品牌内竞争纳入一个分析框架进行研究，我们把“如何实现最优服务均衡水平”这一个性化的问题，转化为“如何实现竞争均衡”这一一般性的问题，从而对 RPM 给出了更具普遍意义的经济解释。正如后面我们将要看到的，我们的理论可以很好地解释之前所有的具有争议的各种特例。而且，由于我们的假设是可检验的，我们模型中的变量描述能够为反垄断执法提供可操作的参考标准。

第二节 基本假设与模型

零售商服务水平对消费者需求的影响是 Telser（1960）之后的争议的焦点，在这些研究里，所有的消费者都具有典型的消费函数 $q=q(p, s)$，$\frac{\partial q}{\partial p}<0$，$\frac{\partial q}{\partial s}>0$，

其中 p，s 分别为价格和服务水平。这虽然正确，但却没有涵盖某些特别但重要的消费特征。事实上，我们很容易观察到现实世界里，面对同一个零售店里的具有替代性质的不同品牌，有些消费者“来了就买”或者“看了就买”，对某一品牌产品较其他产品有明显的偏好，零售服务对其购买决策没有影响；也有些消费者（在零售商处）反复比较询问，往往是在综合比较多个产品之后才做出购买决策。很显然，对某一品牌产品，零售商的服务对前者没有作用，而对后者的购买决策却可能极为重要。我们把前者称为品牌偏好消费者，后者称为品牌边际消费者。

定义 1：假定具有替代性的 n 种品牌商品及价格 P_n，以及相应的品牌功能 MF_n 和附属功能 NF_n，每一消费者对该产品的单位产品效用函数为 $U_{n(MF_n,NF_n)}$。若消费者对第 i 种商品具有效用函数 $U_{i(MF_i,NF_i)}$，且 $\frac{U_{i(MF_i,0)}}{p_i} > \frac{U_{j(MF_j,NF_j)}}{p_j}$，$j \neq i$，$j = 1, 2, \cdots, n$，则该消费者为产品 i 的品牌偏好消费者，为方便起见，以下简称为Ⅰ型消费者。Ⅰ型消费者的需求函数为：$q_{\mathrm{I}}(p, 0) = 1$，$if\ U > P$，$otherwise$：0

定义 2：若对于任意的 $j \neq i$，至少存在一个 $j \in n$，使得消费者满足：

$$\frac{U_{i(MF_i,0)}}{p_i} = \frac{U_{j(MF_j,0)}}{p_j} > \frac{U_{n(MF_n,NF_n)}}{p_n},\ n \neq i,\ j\ \frac{U_{i(MF_i,NF_i)}}{p_i} > \frac{U_{j(MF_j,NF_j)}}{p_j},\ if:\ NF_i > NF_j$$

则该消费者为 i，j 品牌的边际消费者，以下简称为Ⅱ型消费者。

假定Ⅱ型消费者对产品的附属功能信息是不完全的，但零售商对产品功能具有完全信息，但零售商将产品附属功能信息传递给消费者将耗费一定的成本 c。因此，Ⅱ型消费者对该产品的购买由概率 $\rho(c)$ 决定。Ⅱ型消费者的需求函数为：

$$q_{\mathrm{II}} = \rho(c),\ if\ U > P;\ q_{\mathrm{II}} = 0,\ if\ U < P,\ \frac{\partial \rho}{\partial c} > 0,\ \frac{\partial \rho^2}{\partial c^2} < 0,\ \rho(0) = 0$$

根据边际消费者的定义，该消费者总是在价格因素已经作用完毕，即在 $U > p$ 的水平上，已经决定购买某一类型的产品，但在给定的各具体产品的价格水平上，还没有决定购买具体哪一件产品。此时，影响该消费者购买的情形完全受零售商服务决定。这一类消费者在生活中很常见，例如某个消费者决定购买一双运动鞋，在诸多品牌中，他首选 C1 和 C2 两个品牌，这两个品牌虽然价格可能不一样，品牌（主体）功能也不一样，但折算性价比之后，消费者对二者的偏好却是一样的。此时，消费者往往会进一步向零售商询问一些细微的细节，即我们所定义的附加功能，并决定具体购买哪一个品牌。特别需要说明的是，由于无论消费者购买的是 i 或 j 产品，对零售商产生的收益都是一样的，因此，零售商的决策问题都是相同的，即投入多大的成本向消费者提供服务才是经济的，不存在优先推荐具体哪一个产品的问题。换句话来说，如果零售商不能向消费者推销 i 产品，就意味着他也没法说服消费者购买 j 产品。

假定上游生产商进行差异化产品竞争并保持垄断竞争均衡。有某产品制造商 C，其产品由分别位于线性城市两端的零售商 A、B 销售，每个零售商均销售 C 的产品，及多个 C 的替代性产品。C 与这些替代性产品进行差异化竞争，均衡时批发价为 w。光顾零售店的消费者分为Ⅰ型和Ⅱ型两类，Ⅰ型消费者数量标准化为 1，Ⅱ型消费者数量与Ⅰ型消费者数量的比例 K，其购买总量为 ρk。两类消费者均具有相同的保留效用 U 且最多购买单位产品。零售商 A、B 对该产品的定价分别为 p_A、p_B。所有消费者均匀分布于线性城市，对该产品的保留价格为 U，每个消费者购买且仅购买单位该产品，单位交通成本为 t（即消费者对两个零售商的偏好具有异质性）；π_A、π_B、π_C 分别为零售商 A、B 及制造商 C 的利润函数。则各方利润函数为：

$$\pi_A = (p_A - w)\left(x + \rho_A \frac{k}{2}\right) - c \tag{1}$$

$$\pi_B = (p_B - w)\left(1 - x + \rho_B \frac{k}{2}\right) - c \tag{2}$$

$$\pi_C = w(1 + \sum_{i=A}^{B} \rho_i k) \tag{3}$$

如果两个零售商均提供零售服务，$\rho_A = \rho_B > 0$，则各方的利润为：

$$\pi_A^{yy} = \pi_B^{yy} = \frac{t\,(1 + \rho^{yy} k)^2}{2} - c \tag{4}$$

$$\pi_C^{yy} = w^{yy}(1+\rho^{yy}k) \tag{5}$$

如果两个零售商均不提供零售服务，$\rho_A=\rho_B=0$，$c=0$，边际消费者的购买量为0，市场中仅有品牌偏好型消费者购买，则各方的最优化求解如同标准的HOTELLING 模型：

$$\pi_A=\pi_B=\frac{1}{2}t，\pi_C=w=U-\frac{3}{2}t，x=1/2，p_A=p_B=t+w$$

第三节　零售服务特征、消费者异质性与 RPM

1. 零售商势力与 RPM

Telser 的服务理论认为，零售商之间存在搭便车行为：如果一方面促销而另一方不促销，促销的一方为弥补促销成本必然会价格上升，而另一方不提供促销服务的零售商则可以低价格将对方的消费者吸引走。假定若一方促销（假定为A）而另一方不提供促销（上标 yn 表示 A 促销 B 不促销），则各方的效用函数为：

$$\pi_A^{yn}=\left(t+\frac{2t\rho^{yn}k}{3}\right)\left(\frac{1}{2}+\frac{\rho^{yn}k}{3}\right)-c \tag{6}$$

$$\pi_B^{yn}=\left(t+\frac{t\rho^{yn}k}{3}\right)\left(\frac{1}{2}+\frac{\rho^{yn}k}{6}\right) \tag{7}$$

$$\pi_C^{yn}=\left(U-\frac{3}{2}t-\frac{t\rho^{yn}k}{2}\right)\left(1+\frac{\rho^{yn}k}{2}\right) \tag{8}$$

其中，最优的 ρ^{yn} 由 $\frac{\partial\pi_A^{yn}}{\partial\rho}=0$，$\frac{4t}{3}+\frac{16t\rho k}{9}=\frac{\partial c}{\partial\rho}$ 决定。

如果 $\pi_A^{yn}-\pi_A>0$，无论零售商 B 是否提供零售服务，A 都将提供零售服务。因此，对 B 来说，是否提供服务取决于 π_B^{yy}、π_B^{yn} 的比较。很容易得到：

$$\pi_B^{yy}-\pi_B^{yn}\geqslant tk(\rho^{yy}-\rho^{yn})\left(1+\frac{5\rho^{yy}k+5\rho^{yn}k}{18}\right)+\frac{2}{9}(\rho^{yy}k)^2t>0 \tag{9}$$

也就是说，如果 A 提供服务，提供服务对 B 也是最优的。

当$\pi_A^{yn} - \pi_A < 0$时，必然有$\pi_B^{yn} - \pi_B < 0$。由于$\pi_B^{yy} > \pi_B$，因此，给定 A 提供零售服务时，B 的最优策略仍然是提供零售服务。

至此，我们得到了一个与 Telser（1960）不同的结论：

命题 1： 当消费者分为偏好消费者和边际消费者，且零售商对消费者具有异质性时，只要偏好消费者占比达到一定比重，零售商仍然会提供零售服务。

在 Telser（1960）的论文里，零售商之间是完全竞争的，因此，零售商始终在零利润条件下竞争。一旦投入零售服务，就需要提高价格，另一个零售商实施无服务但略低的价格，提供零售服务的零售商就必然会亏损，导致零售服务供给不足。

在我们的模型里，零售商之间是差异化竞争，由于偏好消费者的存在，零售商能够获得正的利润，因此，零售商可以在原来的价格水平下，拿出一部分利润来提供零售服务，吸引边际消费者获得额外的利润。当然，另一个零售商如果降价，也能够搭便车获得这些边际消费者，更重要的是，降价会使其来自偏好消费者的利润偏离最优，这两个因素会控制零售商的降价动机。因此，均衡来看，每个零售商都提供零售服务。

另一个需要提及的问题是，ρ^{yy}是零售商利润最大化的最优促销量，但对制造商 C 来说，最优的促销量为$\rho^c = \arg\max \pi_C^{yy}(\rho) = \dfrac{2U-5t}{8t}$，若$\rho^c > \rho^{yy}$，如果对零售商规定一个最低零售价格$\underline{p_i^{yy}} = t + w(\rho^c) + 2t\rho^c k > p_i^{yy} = t + w(\rho^{yy}) + 2t\rho^{yy} k$，只要$\pi_i^{yy}(\rho^c) > \pi_i$，就能迫使两个零售商均把促销水平从$\rho^{yy}$提高到$\rho^c$。但是，如果$\rho^c < \rho^{yy}$，制造商就没有动机去规定最低价格下限$\underline{p_i^{yy}}$。

由此，我们得到以下结论：

命题 2： 当零售商具有市场势力时，如果制造商利润高于零售商利润，则制造商有动机实施 RPM；当制造商利润低于零售商时，制造商没有动机实施 RPM。

2. 消费者异质性与 RPM

之前的分析我们可以看到，由于$t > 0$，在某些条件下，即使制造商不使用

RPM，零售商也会提供足够的零售服务。不过，Telser（1960）的结论是在零售商完全竞争的假设下，即 $t=0$ 的情况下得到的。接下来，我们假定 $t=0$，考察消费者异质性的引入会对均衡产生什么样的影响。

更具一般性，我们假定品牌偏好消费者的需求函数为$q_1=q(p)$，$\frac{\partial q}{\partial p}<0$；边际消费者的需求函数为$q_2=q(p, s)$，$\frac{\partial q}{\partial p}<0$，$\frac{\partial q}{\partial s}>0$。

如果市场中只有品牌偏好消费者，即 $k=0$，两个零售商之间是完全竞争的，制造商的批发价即为市场中的零售价，在没有其他约束的情况下，制造商利润函数为：

$$\pi^1=pq(p) \tag{10}$$

一阶条件可得利润最大化价格由下式决定：

$$p_1=\frac{q(p)}{\frac{\partial q}{\partial p}} \tag{11}$$

如果零售商之间是完全竞争的，则制造商设定批发价 $w=p_1$，就能实现利润最大化。由于不涉及零售服务，制造商完全不需要使用 RPM。

如果市场中都是边际消费者，则制造商利润函数为：

$$\pi^2=kpq(p, s)-s \tag{12}$$

对上式的一阶条件可知，最优零售价格与偏好消费者时是相同的，仍然为p_1。参考 McCafferty（1985）在 JPE 的论文，只要零售服务的弹性不受价格水平的影响，最优的零售服务水平总是在利润最大的p_1的价格水平上做出，即$\frac{\partial p}{\partial s}=0$。最优的零售服务水平$s^*$由正式决定：

$$\frac{\partial q}{\partial s}=\frac{1}{kp} \tag{13}$$

制造商制定批发价 $w=p_1-\frac{s^*}{kq}$。如果没有搭便车问题，例如，零售服务与商品不能分离销售时，零售商竞争均衡市场价格为p_1，总需求量为 $q(p_1, s^*)$。然而，如果零售服务是 Telser（1960）所说的那种特质服务，则与搭便车理论完全一致，制造商就必须实施 RPM 才能达到（p_1，q（p_1，s^*））均衡。否则，如果一个零售商如 A 提供零售服务并定价p_1，另一个零售商 B 可以将价格设定在 $p \in$（w，p_1），所有的消费者都会在零售商 A 那里获得服务后，低价去零售商 B 那里购买。此时，结果与搭便车理论完全一致，制造商必须规定最低零售价格，使得零售商无法使用价格竞争手段，只能提供零售服务来吸引边际消费者，实现最优均衡。

现在，我们考虑市场中两种消费者都存在的情况。此时，制造商利润函数为：

$$\pi^c = pq(p) + kpq(p, s) - s \tag{14}$$

由最优化的一阶条件可知，制造商的最优定价和最优零售服务水平仍然为p_1，s^*，但批发价与之前不同，为 $w = p_1 - \frac{s}{(1+k)q}$。接下来的分析几乎与市场中只有边际消费者的情况完全一样，如果制造商不规定最低零售价格，搭便车将会使市场中没有零售商愿意提供零售服务。但是与之前一个很大的不同是，即使制造商仅仅规定最低零售价格，零售商仍然不会提供零售服务。注意到，为了补偿零售商提供零售服务的成本，批发价低于p_1，使得零售商在提供零售服务后具有零利润。然而，如果零售商不提供零售服务，却能够获得正的零售利润：（$p_1 - w$）q（p_1，0）。因而，在消费者具有异质性时，仅有 RPM 也不能保证零售服务最优。为了消除零售商的机会主义动机，制造商还必须规定最低数量，才能迫使零售商提供零售服务，吸引边际消费者购买，达到最低数量的要求。

另外一些纵向约束工具组合也能够达到最优均衡。在 RPM 前提下，制造商可以规定批发价 $w = p_1$，同时辅以返利制度，当数量达到$\frac{1}{2}kq(p_1, s^*)$ 时，返利 s^*，也同样能够激励零售服务达到最优。

引入消费者异质性后，另一个重要且有趣的发现是，即使零售服务不具有特质性特征，制造商仍然需要使用 RPM！给定制造商批发价 $w < p_1$，如果一个零售商 A 提供零售服务，由于零售服务与产品消费不可分，因此，不存在搭便车。但

即使如此，零售商 B 仍然有动机降价至 $p \in (w, p_1)$，因为降价虽然不能吸引边际消费者，但可以从 A 那里争夺全部的品牌偏好消费者，从而获得利润：$(p-w)q(p_1)$。与之前同样的道理，制造商在实施 RPM 的同时，还必须辅以最低数量折扣，或者返利制度。

命题 3：无论零售服务是否具有搭便车问题，只要消费者具有偏好消费者和边际消费者异质时，制造商就必须实施 RPM，且与最低数量下限或返利制度组合使用，才能实现零售服务的最优供给。

上述分析说明，特质零售服务是实施 RPM 的充分条件，但不是实施 RPM 的必要条件。在消费者异质条件下，即使零售服务不具有特质性特征，消费者异质同样能够产生零售商机会主义，制造商同样需要实施 RPM。

3. 专卖与 RPM

在现实世界中，我们会注意到，很多商品都设立了专卖店，但同时也会在综合的零售店里出售。并且，这些产品也会实施 RPM，如茅台、五粮液这样的产品，以及一些著名的服务或运动品牌等，我们将上述零售制度简称为“混合渠道”。这是一种非常常见的销售模式，但在 RPM 的研究里，还很少有文献对这一现象进行研究。

假设零售商 A 为专卖店，B 为综合零售店，$t=0$。在相同的零售价格下，由于边际消费者需要在不同产品间比较后才会购买，因此，所有的边际消费者都会到 B 处购买，同时，偏好消费者仍然会随机地选择 A 或 B，因而 A 和 B 各获得 $\frac{1}{2}$ 的偏好消费者份额。

在混合渠道模式下，由于零售商完全竞争，核心的问题是，必须让两者价格完全一样，否则，高价格的零售商将没有任何消费者光顾。假定价格相同，由于 B 要承担零售服务成本，因此，要保持两个渠道的价格一致，制造商给 B 的批发价必须较 A 更低：

$$w_A = p_1, \quad w_B = p_1 - \frac{s}{\left(\frac{1}{2}+k\right)q}$$

但这又回到了之前的问题，即零售商 B 可以不提供零售服务，或者降价，都能获得正利润。因此，混合渠道模式下，同样要实行 RPM 及最低数量限制或返利制度。但仍然有一些因素，会使得制造商在普通零售模式和混合渠道模式之间进行选择。

在混合渠道模式下，零售商 B 的利润函数为：

$$\pi_A = \frac{1}{2}pq(p) + kq(p,\ s) - s$$

其最优零售服务水平由$\frac{\partial q\ (p,\ s)}{\partial s} = \frac{1}{k}$决定。

在普通零售模式下，零售商 A 和 B 的最优零售服务水平由$\frac{\partial q\ (p,\ s)}{\partial s} = \frac{2}{k}$决定。

$$\frac{\partial q}{\partial s} > 0,\ \frac{\partial^2 q}{\partial s^2} > 0$$

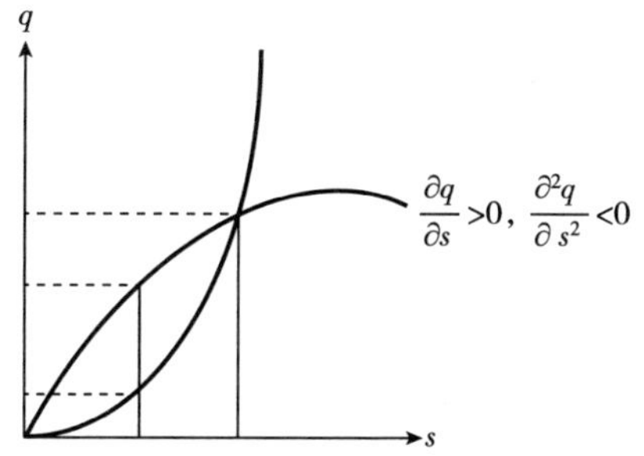

图 1　零售服务与规模经济

显然，在零售服务具有规模经济时，实行混合销售模式能够节约零售服务成本，实现零售服务规模经济。由于制造商能够获得全部经济利润，制造商有动力这么做。

推论：当零售服务具有规模经济效应时，制造商选择混合渠道模式；当零售服务处于成本递增时，制造商选择普通零售模式。

第四节　讨论

关于 RPM 的理论与实践几乎可以用“尴尬”二字来形容。从实践看，各国在围绕 RPM 是否适用本身违法或合理原则上飘忽不定，也难以一致。美国在 1911~1937 年在多数案例中都视 RPM 为非法，1937 年 Miller – Tydings Act 开始对 RPM 实施适用除外原则，1952 年 McGuire Act 的通过使 RPM 的合法化力度空前（而有趣的是，加拿大正是在这一年成为第一个无条件禁止 RPM 的国家，1960 年后实施了修改，允许某些豁免），此后经过一系列案件后，上述法案最终被废除，RPM（除建议零售价外）被认为是非效率的。联邦德国的政策与美国类似，英国 1964 年 RPM 法案认为 RPM 一般违法（Prima Facie），而日本则仅允许 RPM 在少数市场中存在。司法实践的这种无序与近年来关于 RPM 的研究结论各执一词不无关系。最近 50 年，很大部分的重要文献都是基于对零售服务搭便车理论解释力的质疑，然而，几乎没有任何文献明确地指出 Telser（1960）那篇开拓性论文的局限性的原因，而是转而寻求对那些例外的解释，但在试图解决搭便车问题的同时又陷入了相同的困境：这些理论在解释某一特例时却同样无法被演绎推广至更广泛的案例解释（Ippolito，1991）。

考虑对零售服务搭便车的质疑。Klein 和 Murphy（1988）指出，RPM 在很多时候并不是阻止搭便车的有效手段，因为零售商可以很容易通过不提供零售服务，但额外提供一些赠品之类的手段达到与降价类似的效果，这是对搭便车的误读。提供赠品通常都发生在消费者已经做出了购买决策，即已经获得了零售服务之后，因此，与阻止搭便车无关。

对零售服务搭便车进行质疑的一个著名的例子来自“牛仔裤 RPM”，因为很难想象，一个消费者会在一个有试衣间的零售店试穿之后，再转移到另一个没有试衣间但价格稍便宜的零售店去购买（Winter，1993）。但在我们的理论框架下，考虑到牛仔裤行业（服装行业）专卖店盛行的实情，如果专卖店与综合零售店的批发价不同，此时实施 RPM 就未必是为了阻止搭便车，而是为了防止低批发价的零售商降价来争夺专卖店的品牌偏好消费者。事实上，批发价较高的专卖店完全没有动机去降价。Shaw（1994）对零售商与制造商之间的合约关系的研究也发现，零售商较制造商更容易因搭便车受损，因而不仅是制造商，零售商本身就具有维护 RPM 的激励，这一结论间接地为我们这一结论给出了证据。

在很多国家药品行业实行 RPM 非常流行，但对其实施 RPM 的原因却缺乏合理的解释。例如，Winter（1993）认为药店内较好空间位置的货架，有利于高时间成本的消费者，RPM 可以激励这些药品投入于对“好位置”的竞争。这可以解释一些大型超市中那些实施 RPM 的商品往往被摆放在醒目的货架位置，但当同一个药品零售店内不同种类、不同品牌的药品普遍实行 RPM 的时候，那些没有占据“好位置”的品牌为什么也要实施 RPM 呢？我们给出的解释是，药品市场中的消费者异质性很低，在药店购买药品的消费者通常都是边际消费者，因此，药品生产商需要在一个预测的最优市场零售价格水平下，以较低的批发价，鼓励药店雇用有经验的药师和销售人员，最低价格可以防止搭便车，激励药店提供零售服务。另外，很大药品消费者的消费渠道是医院，由于患者对医生高度依赖（t 很高），在给定药品价格下，医院决定了某一药品的消费者数量。但是，如果药店设定低价，消费者就可以从医生那里拿到处方后，到药店购买，如此，医院就会向患者提供其他替代药品，厂商将因此失去来自医院的药品购买。上述因素决定了，医药行业是一个 RPM 盛行的行业。

在设定最低转售价格维持后，同一产品不同类型零售商的零售价格将保持一个相对稳定的价格差：综合零售商因为提供零售服务而价格提高，专卖零售商在一个相对较低的价格水平保持稳定。Monsanto 一案中 Spray – Rite 降价为我们理解这一点提供了很好的案例。Spray – Rite 自 1957 ~ 1968 年一直为 Monsanto 从事授权分销，但在 1967 年 Monsanto 要求各分销商实施最低限价及零售服务后，Spray – Rite 仍然采取低价，也不提供零售服务，并因此吸引了大量“经验丰富的资深消费者”。可以假想在 1967 年时零售商市场是一个零售服务与零售价格均衡的市场，当 Monsanto 实施 RPM 后，该均衡被打破，一部分零售商可以促销来吸引更多的边际消费者，但对于 Spray - Rite 这样的零售商，之前实施低价格策略并保有较多“熟练”的偏好消费者，提高价格后，虽然增加服务能够增加一部分边际消费者，但提高价格可能会失去更多的熟练消费者。因此，尽管 Monsanto 实施 RPM 可能在整体上提高零售服务水平并提高消费者数量，但这一政策却并不是一个帕累托改善的政策，Spray - Rite 正是一个受损者，这也是其拒绝执行最低零售价格的原因。事实上，“法院没有任何证据证明 Spray - Rite 的新增顾客中存在那些先从其他分销商中获取零售服务再到 S 低价购买”，这表明，当其他零售商遵守最低限价从而提高价格时，他们原来的一些熟练顾客因为 Spray - Rite 更低的价格被吸引走了。

本章的研究说明，决定 RPM 的因素并不仅仅在于零售服务，消费者异质性、零售商势力等，都会影响到 RPM 的具体使用，因此，在考察 RPM 的竞争效应时，应该把这些因素纳入具体的反垄断经济分析中，本章研究结论对反垄断政策实施提供了一些具体的、可操作的考量因素。

第六章　信息识别与差别零售服务定价

第一节　引言

Telser（1960）提出的服务理论为2007年美国联邦最高法院丽晶案提供了直接理论支持，在RPM反垄断理论中具有极为重要的意义。Telser（1960）开拓性地指出，制造商对零售商规定最低零售价格（RPM），能够阻止搭便车，提高零售服务水平，同时，他也注意到，当消费者对零售服务的需求具有异质性时，RPM并不能使零售服务达到最优：“会有一些消费者不需要这种服务，价格下限使一些零售商能从这些消费者那里获得较高的利润”；“由于消费者对特质服务的需求程度不一，加之对这些服务按边际成本定价困难（对服务单一定价时），制造商会发现消费者的购买少于最优销量……”。Telser（1960）尝试去解决这一问题，并设想了一个“差别批发价”替代方案：对那些提供高零售服务（高成本）的零售商，制造商给以低批发价格，对那些提供低零售服务（低成本）的零售商则给以高批发价格，从而实现有效的差别零售服务供给。不过，Telser（1960）在经过简单的分析后直言，由于制造商难以“识别”零售商提供的服务是高还是低，该方案行不通。[①] 也许是因为 Telser（1960）这个有条件判断的影响，也许是搭便车理论过于耀眼以致这一问题被忽视，此后几乎再也没有文献尝试解决这个问题。

在 RPM 理论中，另一个被忽视的细节是，很多 RPM 合约都附有折扣条款。在最早期美国的糖零售中，制造商就对零售商实施了最低价格下限，并实施了返利条款，对遵守最低价格下限的零售商予以返利。这一工具组合被视为制造商对违反最低价格限制零售商的处罚（Marvel H. P. ，Mccafferty S. ，1985），并没有引起太多的文献注意。然而，仔细研究案例会发现，忠诚折扣条款的作用不仅于此。在最近处罚的"捷波朗（Jabra）"品牌耳机 RPM 案件里，生产商不仅"根据《经销协议》中的条款规定，分别向（略）、（略）、（略）发放了当季度进货金额（略）%的返利"，而且还规定了"每个店铺缴纳 10000 元天猫保证金，每次违规罚款 5000 元，最多两次机会"的"保证金"制度。[②] 既然能够简明地以"保证金"制度对零售商的违约行为进行处罚，厂商为什么还要多此一举地叠加使用复杂的忠诚折扣制度呢?

本书的研究发现，忠诚折扣（LD）[③] 和 RPM 组合能够解决 Telser（1960）所提出的"差别零售服务定价"问题，实现最优零售服务均衡，从而很好地解释了上述一系列质疑，是对服务理论的一个重大完善。我们建立了一个简单的博弈模型来阐述"差别零售服务定价"这一思想。书籍、服装、电子设备、家居用品等许多行业都经常使用 RPM 和数量折扣（Taylor，2002），与这些行业的经验特征保持一致，我们假设上游制造商生产差异化产品，下游零售商完全竞争，

---

① 在这里，Telser 的分析出现了一点小小的失误：即便"识别"问题能够得到解决，差别批发价仍然不可能替代 RPM，因为以低批发价获得产品的零售商可以不提供服务，而是低价从其他零售商那里竞争那些低零售服务需求的消费者（搭便车），进而获得利润。因此，即使能够解决零售商"识别"问题，但搭便车问题仍然存在。

② http：//www. yidianzixun. com/article/0I8bT4aR.

③ 忠诚折扣是经营者以交易相对人在一定时期内累计的商品交易数量、交易金额、交易份额为条件或根据其他忠诚度表现给予的折扣。

消费者购买产品前需要特质零售服务①，且消费者对零售服务需求分为高、低两类。当高需求服务消费者比例较高时，行业最优均衡是由两个零售商分别进行高、低零售服务投资，并分别为两类消费者提供差别服务。但如果零售服务投资无法“识别”，则在对称的利润条件下，为了竞争高需求消费者，所有的零售商都会选择高零售服务投资，并产生零售服务投入过度问题，行业最优零售投入均衡无法实现。利用 LD，制造商对高销量零售商给予高折扣，对低销量零售商给予低折扣，实现对不同零售服务的差别定价，从而解决了最优零售服务均衡问题。

在已有的 RPM 研究文献里，制造商与零售商之间的纵向机会主义一直是关注的重点，但几乎都没有把“识别”与零售服务搭便车问题联系起来。如 Montez（2015）的研究结论认为，当零售商需要先定货再定价时，制造商自身的机会主义行为会导致无效率的结果，但回购是较 RPM 更有效的解决机会主义的工具，Klein（2009）在讨论非特质零售服务时，强调了按销售数量来补偿零售成本是一种适宜的补偿方式，上述研究都强调利用事后绩效来识别机会主义，但却没有将识别纳入零售服务的框架下进行讨论。另一些研究则是在没有“识别”难题的背景下讨论最优服务水平。如 Marvel 和 McCafferty（1984）的质量论证假说认为，零售商对产品质量论证前期投入越高，声誉就越好，就可以吸引更多的消费者，规定最低零售价格，可以减少低投入零售商对高投入零售商的声誉搭便车，吸引更多的高声誉零售商经营该产品。他们特别注意到，由于事前固定投入不同，零售商之间的机会主义会导致 RPM 合约无法实施。不过，他们假设零售商声誉对某一具体产品而言是外生给定的，从而回避了识别问题。Chen（1999）敏锐地观察到了消费者具有特质服务异质性和搜寻成本异质性，制造商实施 RPM 可以实现按服务异质进行价格歧视，不过假定零售商能够进行价格歧视，实际上也是假定其具有“识别”不同类型消费者的能力，也就回避了“差别服

① 特质零售服务是指零售商向消费者提供的售前服务，且该服务可以与产品消费分离，因此，消费者可以搭便车，即在一家零售商处免费获得该服务，在另一家不提供该服务的零售商处以低价格购买，这使得市场中这种特质零售服务供给不足。Telser（1960）指出，RPM 可以解决搭便车问题。

务定价”问题。

发现 LD 在 RPM 合约中的独特作用，也是对忠诚折扣研究文献的一个拓展。在早期，Marvel 和 McCafferty（1985）关注到美国和加拿大糖业销售中，折扣与 RPM 合约同时使用这一重要事实，但他们只是把折扣作为制造商对零售商违约惩罚的一种处罚手段。近年来，对忠诚折扣的研究，普遍关注的重点或者是其反竞争效应（Chao Y.，2018；钟洲、王麒植，2018），或者是其对零售商效率服务水平的激励（David Spector，2005），但如何利用忠诚折扣去识别“制造商无法观察到，也无法用合同对其有效约束的零售商努力”（Klein & Murphy，1988），正式的研究极为有限。Mills（2009）尝试研究忠诚折扣对零售商努力的识别，在假设零售努力只能由低成本零售商提供的条件下，他的研究没有涉及由于零售商成本差异产生的“识别”问题。Heide 等（1998）基于对一些公司的市场经理的问卷调查发现，大部分制造商利用忠诚折扣等纵向约束的主要目的是更有效地监督零售商的违约行为，但这份经验研究并没有说明这种监督机制是如何运行和实现的。

接下来本书的内容安排如下：第二节是一个基准模型，第三节和第四节我们研究了在不同的消费者特质区间最优行业均衡与 RPM 工具组合的关系，第五节研究了限定销售区域替代 RPM 的条件，第六节讨论了本书结论的经验解释，以及对现有理论的拓展和补充。

第二节　基准模型

假设一个产品制造商 M 必须通过两个零售商（$R=A$，B）出售其产品，零售商将产品销售给最终消费者。该产品的制造成本为 0。借鉴 Telser（1960）、Winter（1993）和 Klein（2009）等，我们假设消费者对产品的购买依赖于零售商的特质服务，如产品介绍、推荐、品质论证等，因而制造商必须使用 RPM 解决搭便车问题。消费者（$K=H$, L）分为两类：H类消费者必须要获得高服务才会进行购买；L类消费者只需要低服务就会购买。① 两类消费者之比为$a:(1-a)$且总量标准化为1，两个零售商各自拥有一半的两类消费者。

与Marvel和McCafferty（1986）、Mills（2004）、Klein（2009）类似，我们假设零售商提供零售服务之前需要进行固定投入，如对员工进行培训等。固定投入高低决定了零售服务的提供方式：①如果事前进行高的固定投入$C>0$，则可以同时向H和L两类消费者提供服务，提供服务的单位成本分别为c_h和c_l，$c_h>c_l$。②如果事前进行低的固定投入c（这里不失一般性我们可以假设$c=0$），则仅能以c_l的单位成本提供低服务，但无法提供高服务。制造商无法观察到零售商的固定投入。零售商之间是信息完全的。

假设消费者观察得到两个零售商的价格且在两个零售商之间交通成本为0，当面对价格相同的两家零售商时，消费者会随机选择一家进行消费，即每个店都有1/2的概率被光顾。而消费者的类型在进店后能够为零售商所知。在获得相应的零售服务后，该产品对消费者的效用为u，若没有获得相应的零售服务，则产品对消费者的效用为0，即当i类型消费者获得服务s时，产品对他的效用为：

$$u_i(s)=\begin{cases}u, & if\ s=i\\ 0, & if\ s\neq i\end{cases}\quad (i=H,\ L)$$

u在区间$[0,\ \bar{u}]$服从均匀分布，$G(u)$为其累积分布函数，密度函数为$g(u)$。u是消费者的私人信息，当$u\geqslant p$时，消费者购买单位产品。

1. 行业最优均衡

我们首先考虑行业最优均衡，即制造商与零售商一体时的零售服务水平（Winter，1993）。一体化时，可供选择的行业零售服务水平有三种，分别为：两个零售商均提供低服务，记为（0，0）；一个零售商提供高服务，另一个零售商提供低服务，记为（C，0）；两个零售商均提供高服务，记为（C，C）。以Π表

① 这样的假设纯属为了简化。我们也可以假设有λ比例的消费者在获得服务后才会购买，但这不影响我们的基本结论。

示行业利润，给定零售价 p，不同零售服务水平下的行业利润分别为：

$$\Pi_{0,0}(p)=(1-a)\cdot(p-c_l)[1-G(p)] \tag{1}$$

$$\Pi_{C,0}(p)=a\cdot(p-c_h)[1-G(p)]+(1-a)\cdot(p-c_l)[1-G(p)]-C \tag{2}$$

$$\Pi_{C,C}(p)=a\cdot(p-c_h)[1-G(p)]+(1-a)\cdot(p-c_l)[1-G(p)]-2C \tag{3}$$

通过比较（2）式和（3）式很容易看出，对任何给定价格 p，我们都有 $\Pi_{C,0}(p)>\Pi_{C,C}(p)=\Pi_{C,0}(p)-C$。这是因为消费者的交通成本为0，消费者获得相应的零售服务只需要两家零售商中的一家提供即可，没必要两家为了提供高服务而都进行高投入。因此，判断行业最优服务水平只需比较最优的 $\Pi_{0,0}$ 和最优的 $\Pi_{C,0}$。将二者分别记为：

$$f(a):=\max_p[(1-a)\cdot l(p)] \tag{4}$$

$$g(a,\ C):=\max_p[(1-a)\cdot l(p)+ah(p)-C] \tag{5}$$

这里 $l(p):=(p-c_l)[1-G(p)]$ 和 $h(p):=(p-c_h)[1-G(p)]$

命题1：（行业最优）

（i）当 $\max_p h(p)>C$ 时，必然存在一个唯一的阈值 $\hat{a}\in(0,1)$，使得 $a<\hat{a}$ 时行业最优投入为（0，0），而当 $a>\hat{a}$ 时行业最优投入为（C，0）；

（ii）当 $\max_p h(p)\leqslant C$ 时，行业最优投入为（0，0）。

证明：为了方便比较最优的 $\Pi_{C,0}$ 和最优的 $\Pi_{0,0}$ 的大小，我们将二者之差记为 $H(a,\ C):=g(a,\ C)-f(a)$。注意到 $H(0,\ C):=-C<0$，$H(1,\ C):=\max_p h(p)-C$。利用包络定理，

$$\frac{\partial H}{\partial a}=\frac{\partial g}{\partial a}-f'(a)=h(p_{c0})-l(p_{c0})+l(p_{00}) \tag{6}$$

这里 $p_{c0}:=\mathrm{argmax}_p[(1-a)\cdot l(p)+a\cdot h(p)-C]$，$p_{00}:=\mathrm{argmax}_p[(1-a)\cdot l(p)]$。注意到 p_{00} 与 a 无关，于是我们有：

$$\frac{\partial^2 H}{\partial a^2}=[h'(p_{c0})-l'(p_{c0})]\cdot p_{c0}{}'(a)>0 \tag{7}$$

这里 $h'(p)-l'(p)=(c_h-c_l)\cdot g(p)>0$，而 $p_{c0}{}'(a)>0$ 是因为 $\frac{\partial^2[(1-a).l(p)+a.h(p)-C]}{\partial p\partial a}>0$。(7)式表明 H 函数关于 a 是凸的。

当 $H(1, C) := \max_p h(p) - C > 0$ 时，由于 H 关于 a 的凸性和 $H(0, C) < 0$ 可知，必然存在一个唯一的阈值 $\hat{a} \in (0, 1)$ 使得 $H(a, C) \lesseqgtr 0$ 当且仅当 $a \lesseqgtr \hat{a}$。

当 $H(1, C) := \max_p h(p) - C \leqslant 0$ 时，由于 H 的凸性，对任意的 $a \in (0, 1)$，我们都有和 $H(a, C) \leqslant a \cdot H(1, C) + (1-a) \cdot H(0, C) < 0$。

我们将E_1简称为低异质均衡，将E_2简称为高异质均衡，如图 6－1 所示。

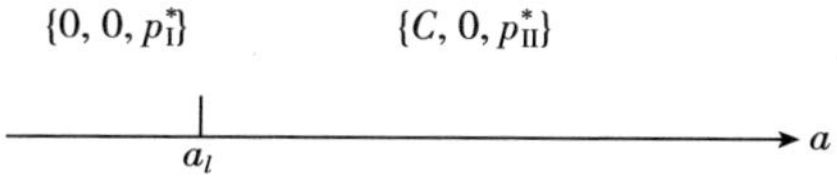

图 6－1　行业最优零售服务水平

注：当 $a \geqslant a_l$ 时，行业最优零售服务均衡为 $\{C, 0, p_{\mathrm{II}}^*\}$；当 H 类消费者很少时（$a < a_l$），行业最优零售服务均衡为 $\{CH, CL, p_{\mathrm{I}}^*\}$。

对 $\Pi^*{}_{C,0} - \Pi^*{}_{0,0}$ 式分解可得：

$$\Pi^*{}_{C,0} - \Pi^*{}_{0,0} = \underbrace{a(p_{\mathrm{II}}^* - c_h)(1 - G(p_{\mathrm{II}}^*))}_{\text{增加}H\text{消费者利润(I)}} - \underbrace{(C - 0)}_{\text{固定成本上升(II)}} - \underbrace{(1-a)(p_{\mathrm{I}}^* - c_l)\left[G(p_{\mathrm{II}}^*) - G(p_{\mathrm{I}}^*)\right]}_{\text{价格上升,}L\text{消费者需求下降(III)}} + \underbrace{(1-a)\left[(p_{\mathrm{II}}^* - p_{\mathrm{I}}^*)(1 - G(p_{\mathrm{I}}^*))\right]}_{\text{价格上升,}L\text{消费者单位利润增加(IV)}}$$

当 $a \geqslant a_l$ 时，提供差异化零售服务给行业带来的营业收入变化由四部分组成，其中Ⅰ和Ⅳ是从E_1转变到E_2引起的利润增加，Ⅱ和Ⅲ是相应的收入减少项。具体来说，Ⅰ是来自新增 a 数量的 H 类消费者带来的利润；Ⅱ是固定投入 0 上升到 C 引起的成本增加，即 C－0；Ⅲ是价格从p_{I}^*上升到p_{II}^*后，L 类消费者需求下降，相应的利润减少；Ⅳ是因价格上升到p_{II}^*，从仍然购买的 L 类消费者所获得的利润增加。当 $a \geqslant a_l$ 时，上述各项成本收益之和为正。

2. 一个例子

考虑分布函数 G（.）为均匀分布，则

$$\Pi_{0,0}(p) = (1-a) \cdot (p - c_l)[1 - p] \tag{8}$$

$$\Pi_{C,0}(p) = [p - a\,c_h - (1-a)c_l](1-p) - C \tag{9}$$

相应的最优价格$p_{00}=\frac{1+c_l}{2}$，$p_{c0}=\frac{1+a\,c_h+(1-a)c_l}{2}$。于是$f(a):=(1-a)\cdot\frac{(1-c_l)^2}{4}$，$g(a,\ C)=\frac{[1-a\,c_h-(1-a)c_l]^2}{4}-C$，从而

$$H(a,\ C)=\frac{a^2(c_h-c_l)^2+a(1-c_l)(1+c_l-2c_h)}{4}-C \tag{10}$$

这里$H(a,\ C)$是关于a的二次函数，一个开口向上的抛物线。同时在a的两个端点$H(0,\ C)=-C<0$，$H(1,\ C)=\frac{(1-c_h)^2}{4}-C$。因此

- 当$\frac{(1-c_h)^2}{4}>C$时，我们有$H(0,\ C)<0$和$H(1,\ C)>0$。所以必有唯一的阈值$\hat{a}\in(0,\ 1)$，使得$a<\hat{a}$时，$H(a,\ C)<0$，而当$a\geqslant\hat{a}$时，$H(a,\ C)>0$。
- 当$\frac{(1-c_h)^2}{4}\leqslant C$时，我们有$H(0,\ C)<0$和$H(1,\ C)\leqslant 0$。所以对任意的$a\in(0,\ 1)$，都有$H(a,\ C)\leqslant 0$。在这种情况下，两个零售商都进行低投入$(0,\ 0)$是最优的结果。

3. 无约束均衡

如果制造商不能实施RPM，则根据Telser（1960）搭便车理论，将没有零售商会提供零售服务。道理很简单，假设零售商1以正的成本c_h提供零售服务时，并向消费者收取p（w，c_h，C）的竞争性市场价格，则另一个零售商2就可以不提供零售服务，并向消费者收取一个略低的价格p'，$p(w,\ c_l,\ 0)<p'<p(w,\ c_h,\ C)$，则所有的消费者都会从零售商1那里获得服务后，再到零售商2那里以p'的低价购买。这种搭便车使得市场中没有零售商提供零售服务。显然，由于搭便车问题，市场中没有任何零售商会投资C。同样的道理，如果零售商1以$p(w,\ c_l,\ 0)$提供低水平服务，另一个零售商的最优反应仍然是投资0并收取p''的低价格（$p(w,\ 0,\ 0)<p''<p(w,\ c_l,\ 0)$），获得经济利润。因此，在没有纵向约束的情况下，由于搭便车问题，没有零售商会提供零售服务，市场均衡为零售服务水平和投资均为0。

4. 消费者同质时 RPM 均衡

如果消费者是同质的，例如，市场中只有高需求消费者，根据命题 1，行业最优均衡简化为 $E=\{C, C, p^*\}$，则制造商可以规定最低零售价格 p^*。很显然，在该最低价格下，均衡为两个零售商都投资 C，并向消费者提高零售服务。道理很简单，由于零售价格相同，零售商是否提供零售服务决定了消费者是否购买，每个零售商都必须提供零售服务才能吸引消费者。因此，RPM 消除了价格竞争，但激发了零售商之间的服务竞争。这也是 Telser（1960）给出的一般性结论。

注意到，如果没有消费者异质性，则不存在最优零售服务投入问题，问题就简化为传统的 RPM 最优定价问题。接下来，我们将看到，引入零售服务投资差异后，传统的 RPM 最优定价方式无法解决最优零售服务的供给问题，这也是本书需要解决的核心问题。

第三节　消费者异质下的 RPM 均衡

正如我们已经看到的，行业均衡是由最优行业价格和最优零售服务投入两个部分组成的。本节我们将考察，给定制造商能够实施 RPM，最优零售投入是否能够实现。制造商与零售商博弈时序如下：

第一阶段，制造商提供两份合约，供两个零售商随机不重复选择。如果任何一位零售商拒绝接受合约，博弈结束，如果接受，则进入第二阶段。与传统理论保持一致，制造商在合约设计中可使用的工具包括最低价格限制 $\underline{p}$、批发价 w 和固定费 F。显然，要保证零售商的参与，制造商提供的合约对零售商必须是无差异的，且具有非负的合约收益。

第二阶段，零售商独立选择投资水平 CH 或 CL，投资水平决定了其能够提供的服务类型。由于制造商可以通过价格约束规定零售价格与行业最优价格保持一致，因此，博弈均衡的关键是，在第二阶段，合约能够激励零售商对投资水平的选择与行业最优保持一致。

第三阶段，消费者获得服务并购买商品，博弈结束。

在第二阶段，零售商选择投资水平最大化其利润。零售商利润为$\pi^{RT}_{i,-i}=\pi^{R}_{i,-i}-F$，$i$，$-i\in\{CH, CL\}$。其中，$\pi^{R}_{i,-i}$表示在竞争对手选择$-i$服务水平时，零售商$R$选择$i$服务水平的零售毛利润，$F$为零售商向制造商支付的固定费。由于制造商可以通过固定费获得全部零售利润，我们假定制造商总是设定$w=0$，解决零售商与制造商之间的纵向外部性（Winter，1993）。给定制造商的纵向合约（$\underline{p}$，$w=0$，F），$\pi^{R}_{i,-i}$（$\underline{p}$，0）由下面的式子给出：

$$\pi^{R}_{CL,CL}(\underline{p}, 0)=\pi^{R}_{CL,CH}(\underline{p}, 0)=\frac{1-a}{2}\underline{p}[1-G(\underline{p})]-CL \tag{11}$$

$$\pi^{R}_{CH,CL}(\underline{p}, 0)=a(\underline{p}-c)(1-G(\underline{p}))+\frac{1-a}{2}\underline{p}[1-G(\underline{p})]-CH \tag{12}$$

$$\pi^{R}_{CH,CH}(\underline{p}, 0)=\frac{1}{2}(\underline{p}-c)(1-G(\underline{p}))-CH \tag{13}$$

根据行业最优均衡，制造商对最低限价$\underline{p}$的规定与a的取值区间有关，当$a<a_l$时，$\underline{p}=p^*_{\mathrm{I}}$，当$a\geqslant a_l$时，$\underline{p}=p^*_{\mathrm{II}}$。(14)式～(16)式给出了在给定$a$和$\underline{p}$条件下，不同零售服务投资给零售商带来的零售利润排序（证明详见附录），这些排序决定了零售商在第二阶段的投资选择。

$$\pi^{R}_{CL,CL}(p^*_{\mathrm{I}}, 0)=\pi^{R}_{CL,CH}(p^*_{\mathrm{I}}, 0)>max(\pi^{R}_{CH,CL}(p^*_{\mathrm{I}}, 0), \pi^{R}_{CH,CH}(p^*_{\mathrm{I}}, 0)), a<a_l \tag{14}$$

$$\pi^{R}_{CH,CL}(p^*_{\mathrm{II}}, 0)>\pi^{R}_{CL,CL}(p^*_{\mathrm{II}}, 0)=\pi^{R}_{CL,CH}(p^*_{\mathrm{II}}, 0)>\pi^{R}_{CH,CH}(p^*_{\mathrm{II}}, 0), a_l\leqslant a<a_h \tag{15}$$

$$\pi^{R}_{CH,CL}(p^*_{\mathrm{II}}, 0)>\pi^{R}_{CH,CH}(p^*_{\mathrm{II}}, 0)>\pi^{R}_{CL,CL}(p^*_{\mathrm{II}}, 0)=\pi^{R}_{CL,CH}(p^*_{\mathrm{II}}, 0), a_h\leqslant a \tag{16}$$

其中$a_l=\dfrac{CH-CL+(1-G(p^*_{\mathrm{I}}))p^*_{\mathrm{I}}-(1-G(p^*_{\mathrm{II}}))p^*_{\mathrm{II}}}{(1-G(p^*_{\mathrm{I}}))p^*_{\mathrm{I}}-(1-G(p^*_{\mathrm{II}}))c}$，

$$a_h=\frac{c(1-G(p_{\text{II}}^*))+2(CH-CL)}{p_{\text{II}}^*(1-G(p_{\text{II}}^*))}$$

根据（14）式，我们可以得到命题2：

命题2：当$a<a_l$，传统RPM合约$C=\{\underline{p}=p_{\text{I}}^*，w=0，F=\pi_{CL,CL}^R(p_{\text{I}}^*，0)\}$可以实现行业最优均衡$E_1=\{CL，CL，p_{\text{I}}^*\}$。

我们使用逆向归纳法对命题2进行证明。在第二阶段，由（14）式可知，在低异质（$a<a_l$）的情况下，$\pi_{CL,\cdot}^R$（p_{I}^*，0）$\geqslant\pi_{CH,\cdot}^R$（$p_{\text{I}}^*$，0）总是成立，每一个零售商都会选择投资$CL$，因而与行业最优的投资水平（$CL$，$CL$）保持一致。在第一阶段，标准合约$C=$ $\{\underline{p}=p_{\text{I}}^*，w=0，F=\pi_{CL,CL}^R$（$p_{\text{I}}^*$，0）$\}$ 对每一个零售商的合同收益均为零，因而是无差异的。可知，合约C是一个纳什均衡。

根据（15）式，在$a_l\leqslant a<a_h$，以及传统RPM合约下，零售均衡为（p_{II}^*，CL，CL），但行业最优均衡为（p_{II}^*，CH，CL），零售商投资是无效的。命题3给出了一个简单的改善方案：

命题3：当$a_l\leqslant a<a_h$，制造商向零售商首先出售合同$C_{t1}=\{\underline{p}=p_{\text{II}}^*，w=0，F_{CH}=\pi_{CH,CL}^R(p_{\text{II}}^*)\}$，然后向零售商出售合同$C_{t2}=\{\underline{p}=p_{\text{II}}^*，w=0，F_{CL}=\pi_{CL,CH}^R(p_{\text{II}}^*)\}$，由此能够实现行业最优均衡$E_2=\{CH，CL，p_{\text{II}}^*\}$。

命题3的证明与命题2类似，在第二阶段，由（15）式可知，当$a_l\leqslant a<a_h$，由于投资CH是合约C_{t1}持有者的占优策略，另一个零售商只能投资CL，否则将亏损$\pi_{CH,CH}^R$（p_{II}^*）$-\pi_{CL,CH}^R$（p_{II}^*），这样，零售商的最终投资选择为（CH，CL），与行业最优均衡一致。同理，两个合约的收益均为零，因而每个零售商在第一阶段都愿意随机接受合同。因此，合约C_{t1}、C_{t2}能够实现行业均衡E_2。

需要说明的是，在合约设计中加入时间先后因素，以保证支付高固定费的零售商享有优先投资权，对保证实现合约均衡是重要的。如果C_{t2}零售商抢先投资CH，持有C_{t1}合同的零售商无论投资CH或CL都将亏损，但投资CL的亏损会更小，因此，C_{t1}零售商会被迫投资CL，但这会使C_{t1}零售商承受$\pi_{CL,CH}^R$（p_{II}^*）$-F_{CH}$的损失，预见到这一点，在第一阶段，就没有零售商会愿意接受C_{t1}合约。因此，必须保证C_{t1}合同享有优先投资选择权，才能确保C_{t2}零售商在第二阶段只能选择

CL。在现实中，我们经常能够观察到具有选择顺序的合约安排，如先满足旗舰零售店开业，再布点普遍零售店。

比较命题2和命题3可以看出，在上述 a 取值范围内，给定最优定价，零售商对服务投资的选择与行业最优均衡基本保持一致。当 a 很低时，合约是对称的，因此，传统的 RPM 和两部收费就能实现均衡。当 a 上升到 $[a_l, a_h)$ 区间后，尽管零售商投资均衡与行业最优均衡（CH，CL）不能一致，但由于市场需求不可能维持两个零售商同时高投入，因此，只要让一家零售商先投资 CH，另一家零售商就只能投资 CL。总体上，传统 RPM 在 a 的上述区间，仍然能够有效地发挥作用。

但是，当 $a \geq a_h$ 时，零售商利润由（15）式决定，由于 $\pi^R_{CH,CH}(p^*_{\mathrm{II}}, 0) > \pi^R_{CL,CH}(p^*_{\mathrm{II}}, 0)$，没有零售商愿意选择 CL，此时，与行业均衡（CH，CL）不同，零售商均衡为（CH，CH）。在这一区间，传统 RPM 无法实现最优行业均衡。

图6－2显示了在不同 a 区间，行业最优均衡与 RPM 均衡的关系。

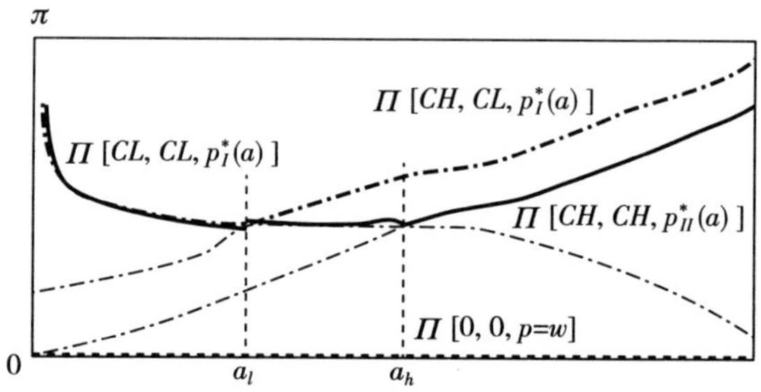

图6－2　RPM 均衡与行业最优均衡

注：当 $a < a_l$ 时，最低零售价格限制 P^*_{I}（a）下，零售商投资为［CL，CL］，与行业最优保持一致；最低零售价格限制 P^*_{II}（a）下，当 $a_h > a \geq a_l$ 时，零售商投资均衡为［CL，CL］，当 $a \geq a_h$ 时，零售商投资均衡为［CH，CH］，零售商均衡均偏离行业最优均衡［CH，CL］。

传统服务理论普遍认为，RPM 和两部收费能够解决搭便车问题。我们的理论表明，在引入消费者异质性后，如果考虑到零售服务最优投入，这一结论仅仅

在 $a < a_l$ 的区间才是正确的。当 $a \geq a_l$ 时，由于零售服务投资与行业最优均衡不一致，制造商必须引入新的工具，以解决这被传统理论忽视的问题。

第四节　忠诚折扣与高异质均衡

制造商既要努力使自己的利润最大，又要保证零售商具有非负的利润，这就要求对高投资零售商予以高的补偿，对低投资零售商予以低的补偿。如果以事前补偿固定投资的方式，分别对高、低投资者补偿 *CH* 和 *CL*，也可获得 *CH* 的零售商就有激励投资 *CL*，也可获利 $CH - CL$ 的正利润。因此，事前补偿的方式会导致（*CL*，*CL*）无效投资均衡。如果采取事后补偿，则只能通过低的批发价来实现，但这又会使得每个零售商都有激励投资 *CH*，以获取尽可能多的单位利润，导致（*CH*，*CH*）无效投资均衡。因此，制造商的问题是，如何通过激励机制设计解决零售商这种机会主义行为，实现对零售投入 *CH* 和 *CL* 的差别定价。

注意到，尽管制造商不能区分 *CH* 和 *CL*，但高产量只能在 *CH* 投资下才能达到，因而可以通过事后的产量来识别零售商的事前投资（Mills，2009）。基于这一思路，我们可以得到命题4。

命题4：当 $a > a_h$ 时，*RPM*、两部收费与累进忠诚折扣组合能够实现行业最优均衡。均衡合约设计为：$C(CH) = \{w = \underline{p} = p_{\text{II}}^*, D_H\}$，$C(CL) = \{w = \underline{p} = p_{\text{II}}^*, D_L\}$。返利 D_H、D_L 的规则如下：

$$D_H = \begin{cases} CH + c(q_h) + e, & q \geq q_h = \dfrac{1+a}{2}[1 - G(p_{\text{II}}^*)] \\ 0, & q < q_h \end{cases}$$

$$D_L = \begin{cases} CL, & q \geq q_l = \dfrac{1-a}{2}[1 - G(p_{\text{II}}^*)] \\ 0, & q < q_l \end{cases}$$

其中，D 是返利，$F=e$ 是零售商向制造商支付的固定费，$\Pi^*_{CH,CL}-\Pi^*_{CH,CH}>e>0$，$q$ 是返利的数量门槛。特别需要注意的是，此时 $w=p^*_{\text{II}}$，批发价只能弥补零售商的可变成本，固定成本完全要依靠数量折扣才能得到补偿。

证明。无论拥有 C（CH）合同的一方如何选择，持有 C（CL）合同的一方能且只能获得 0 利润。因此，在第二阶段，合同 C（CL）一定会被任何一个零售商接受，且投资一定为 CL。

在（$\underline{p}=p^*_{\text{II}}$，$w=p^*_{\text{II}}$）下，不同零售服务投资给零售商带来的零售利润为：

$$\pi^H_{CL,CL}(p^*_{\text{II}},\ p^*_{\text{II}})=\pi^R_{CL,CH}(p^*_{\text{II}},\ p^*_{\text{II}})=-CL$$

$$\pi^H_{CH,CL}(p^*_{\text{II}},\ p^*_{\text{II}})=-ac(1-G(p^*_{\text{II}}))-CH+D_H=0$$

由于$\pi^H_{CL,CL}(p^*_{\text{II}},\ p^*_{\text{II}})<\pi^H_{CH,CL}(p^*_{\text{II}},\ p^*_{\text{II}})$，因此，在第二阶段，持有合同 $C(CH)$ 零售商的最优选择是 CH，同时获得 0 利润。

在第一阶段，由于 $C(CH)$，$C(CL)$ 给任何零售商带来的收益都是 0 经济利润，因此，每个零售商都会愿意随机选取接受合同。如此，制造商在第一阶段给出的合同是一个纳什均衡，能够实现最优零售服务均衡E_2。证毕。

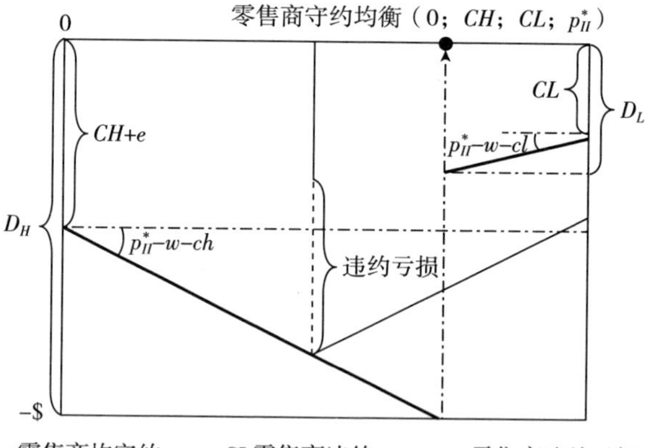

图 6－3　累进数量折扣与偏离惩罚

注：在累进数量折扣下，$C(CH)$ 和 $C(CL)$ 零售商在获得与投入对应的折扣之前是亏损的，亏损分别为 $CH+ch*q$ 和 $CL*cl\neq q$。零售折扣设计的要点在于，持有 CL 合同零售偏离（投入 CH 并生产高数量）会使得两个零售商均无法获得高折扣 Dh 并亏损。

在累进数量折扣合约中，固定费 F 所起的作用与之前有很大的不同。在 RPM 与两部收费合约中，固定费 F 的功能在于使制造商获取全部的零售利润；而在数量折扣合约中，由于零售商只有在达到规定数量后才能获得补贴，制造商仅将固定费 F 配置给高数量折扣一方，相当于制造商仅向该零售商“出售”独家高数量折扣补贴权利，F 则成为零售商承诺高投入的担保（否则将亏损 F）。同时，$\Pi^*_{CH,CL}-\Pi^*_{CH,CH}>F$，也限制了制造商的机会主义行为①。

第五节　限定销售区域与零售服务均衡

到目前为止，我们对行业均衡的讨论，都是以制造商实施 RPM 为前提的。在反垄断政策的实施过程中，对纵向价格约束限定相对严格，一个普遍被认同的观点是，如果 RPM 能够被其他非价格手段替代，RPM 就不应该被使用。因此，对于实现行业均衡，RPM 是否是必需的工具，关系到 RPM 的合法性。在已有的研究里，限定销售区域（CTD）被认为是 RPM 最可能的替代工具（Mathewson & Winter，1984），因此，我们主要比较 CTD 能否替代 RPM。

1. 当 $a<a_1$

假设制造商对两个零售商限定销售区域，在两部收费情况下，制造商可以通过收取固定费 F 获得全部利润。根据（14）式，零售商利润函数为：

$$\pi^{Rt}_{CL,CL}=\pi^{R}_{CL,CL}-F=0$$

由于限定区域销售，每个零售商在自己的销售区内都具有定价能力，其利润最大化的一阶条件为：

$$\frac{\partial \pi^{Rt}_{CL,CL}}{\partial p}=1-G(p)-(p-w)g(p)=0 \tag{17}$$

---

① 如果 $F>\Pi^*_{CH,CL}-\Pi^*_{CH,CH}$，制造商有可能产生诱导 C（CL）零售商投入 CH 的激励，获取 $F-$（$\Pi^*_{CH,CL}-\Pi^*_{CH,CH}$）的额外利润。

制造商利润函数为：

$$\pi_M^T = \sum_{i=A,B} \pi_{CL,CL}^i + w[1 - G(p)] = \Pi_{CL,CL}$$

制造商利润最大化的一阶条件为：

$$\frac{\partial(\sum_{i=A,B} \pi_{CL,CL}^{iT})}{\partial p} = \frac{\partial \Pi_{CL,CL}}{\partial p} = 1 - G(p) - pg(p) = 0 \quad (18)$$

比较（17）式、（18）式，很容易看出，在实施 CTD 后，制造商只要规定 w =0 时，行业利润最大化、制造商利润最大化以及零售商利润最大化的条件完全一致，零售商会制定与行业最大一致的最优零售价格p_I^*，同时，制造商以 F 获得全部行业利润。因此，当$a < a_l$时，限定区域与 RPM 可以完全替代，解决搭便车问题，实现最优均衡E_1。

2. 当 $a \geq a_l$

在 CTD 下，由于消费者均衡分布，每个区域都有 $a/2$ 的 H 类消费者和（1 - a）/2 的 L 类消费者，因此，两个区域的最优零售服务投入必然是相同的：或者投入 CH 吸引 H 和 L 两类消费者，则最终的零售服务投入为（CH，CH）；或者投入 CL 吸引 L 类消费者，则最终的零售服务投入为（CL，CL）。由于对称性，行业中的零售服务投入不可能是（CH，CL），最优均衡E_2无法实现。因此，在该区间，RPM 是实现最优零售均衡的必要条件，CTD 无法替代 RPM。

命题 5：当$a < a_l$，限定区域销售能够替代 RPM，实现最优零售服务均衡E_1。当 $a \geq a_l$，仅有 RPM 能够实现最优零售服务均衡E_2。

很多理论研究和经验证据都表明（Patrick & Tirole，1988；Zanarone G.，2009），CTD 对 RPM 具有替代性，然而，很少有研究指出 CTD 和 RPM 替代使用的范围。命题4 表明，消费者异质程度是 CTD 对 RPM 替代使用的一个具体条件，这一新的发现是回答“在什么样的市场条件下才需要使用 RPM”（HL Review，2008）的重要补充。虽然 CTD 和 RPM 同属纵向约束，但反垄断政策对 CTD 持相对宽容的态度，且对 RPM 的态度则更为严厉，因而对制造商而言，如果其目的仅仅是为了阻止搭便车，就应该选用政策风险更小的 CTD。这一研究结论对反垄断审查的政策含义非常明确：只有在消费者异质性较高时，搭便车才能够成为制造商使用 RPM 的理由。

第六节 讨论

如何断定和识别 RPM 和忠诚折扣的使用目的，一直是反垄断理论和政策实施中的焦点。在丽晶案中，法院的判断使零售服务理论成为 RPM 适用合理原则的理论基础，但同时，法院也明确指出："RPM 能够被具有市场势力的制造商使用，以激励零售商拒绝销售那些小生产者或新进入者的产品。"① 累进的忠诚折扣也同样受到质疑，在利乐案中，执法机构明确指出："折扣是常见的商业行为，可以促进市场竞争，有利于消费者，但是……利乐实施的忠诚折扣在特定的市场条件下具有明显的排除、限制竞争效果。"总之，纵向约束的使用动机非常复杂，如何正确地对其予以识别极为重要，因为，"如果不能对制造商实施纵向约束的内在激励予以正确而充分的经济解释，就会使我们在这些纵向约束工具的公共政策选择上产生困惑"（Winter，1984）。因此，无论是对 RPM 还是 LD，在反垄断政策实施中都存在一个关键性的问题，即如何在具体的环境下判定其是"好的"或是"坏的"。

传统上，对 LD 和 RPM 的研究基本上都是独立进行的，很少有研究把二者结合起来进行讨论。但 RPM 和数量折扣经常同时出现，1905 年美国糖业协会率先使用 RPM 时，零售商只有在遵守价格协议后才能以折扣的形式获得补偿，因此，"使用限制价格和折扣是实现各方利益所必须的"（Arbuthnot，1907）②，折扣被简单地看作迫使零售商遵守 RPM 的质押物。如果是这样，一旦 RPM 违法，则折

① Leegin Creative Leather Products, Inc. v. PSKS, Inc., 551 U. S. 877 (2007).

② Arbuthnot C. C. The Factor System as Related to Industrial Combinations [J]. Journal of Political Economy, 1907, 15 (10): 577-602.

扣也必然处于帮凶的位置。但质押显然不是 LD 在 RPM 合同中的唯一目的，因为简单的保证金制度就能实现质押功能，制造商没有必要舍易求难。[①] 因此，LD 的真实目的显然不在于此。我们的研究表明，当消费者需求异质较高时，RPM 及其与 LD 的组合使用是必要的，可以提高经济效率，这为 RPM 和 LD 实施合理原则提供了进一步的理论支撑和证据，并且 RPM 和 LD 组合本身就能够成为判定二者是否适用合理原则的一个条件，这为相关的反垄断政策实施在可操作的意义上向前迈了一大步。

在传统的 RPM 研究里，消费者对零售服务的异质性是能否实施 RPM 的一个重要原因。我们的研究不仅对上述理论给出了进一步的理论支持，而且，更进一步，我们的研究发现，不同的消费者异质性程度决定了是否需要使用 RPM 或者 RPM 与 LD 组合，这为识别 RPM 或者 LD 的真实动机给出了一个可检验的条件。如图 6－4 所示，当高需求消费者比例 $a < a_l$时，最优服务投入是（CL，CL），CTD 可以替代 RPM 解决搭便车问题；当 $a \geqslant a_l$时，最优零售服务均衡是进行差别零售投入（CH，CL），此时，制造商必须使用 RPM 解决搭便车问题，并且，在 $a_l \leqslant a < a_h$区间，由于没有零售商机会主义行为，RPM 就能实现零售服务均衡。当$a \geqslant a_h$时，为了防止零售商在接受合同后“违约”，制造商必须使用 RPM 和 LD，才能实现最优零售服务均衡。

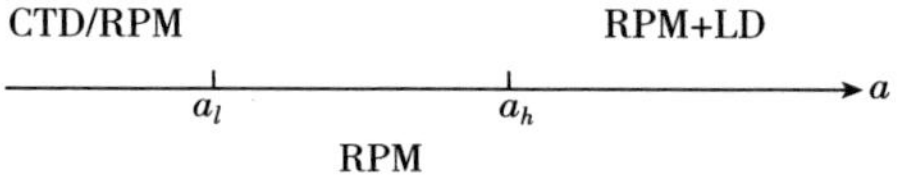

图 6－4　不同异质区间的有效组合

注：当 $a < a_l$ 时，RPM 和 CTD 都能实现最优均衡；当 $a_l \leqslant a < a_h$ 时，RPM 能够实现最优均衡；当 $a \geqslant a_h$ 时，RPM 必须和 LD 组合才能实现最优服务均衡。

我们的发现有助于澄清在服务理论中长期存在的一些模糊认识。由于没有注意到消费者服务异质对搭便车问题的影响，传统零售服务理论认为，消费者对产

① 在 2013 年茅台酒和五粮液 RPM 案例中，茅台酒和五粮液厂商对不遵守 RPM 的零售商的处罚就包含扣减保证金这一处罚措施。

品的特质零售服务需求越高，就越需要使用 RPM 阻止搭便车（Telser，1960），因此："RPM 往往在产品进入市场的初期被使用。"但事实上，现实中很多例外说明，如运动器材等产品普遍长期使用 RPM，对于这种例外，服务理论并不能对此给出合理的解释。把零售服务需求的多少作为 RPM 实施的前提条件，也使服务理论遭受诸多质疑，如 Winter 就曾多次指出，牛仔裤这样的产品只需要简单的服务（试衣间），不太可能成为制造商实施 RPM 的动机。在 Monsandu 一案中，折扣零售商 Spray 降价后吸引的是老顾客，Sculz（2007）认为这也是服务理论所不能解释的例外，等等。本书的研究能够对上述困惑给出合理的解释。

引入消费者需求异质特征，我们可以发现，不同产品的消费特征决定了消费者需求异质性的强度。例如，一些需要重复购买的产品，在新产品上市之后的一段时间后，初次尝试购买的消费者（H 类型），较那些已经有过消费体验的消费者（L 类型），二者需要的零售服务强度显然是不一样的。因此，即使在新产品阶段的零售服务需求相同，重复购买的产品相对那些非重复购买的产品，需求异质性相对更高，因而更有可能被制造商使用 RPM。这就很好地解释了为什么有的产品仅仅在新产品上市阶段使用 RPM，而有的产品却在各个阶段都使用 RPM。对于牛仔裤这样的产品，消费者通常都存在着品牌偏好（L 类型）和品牌无差异（H 类型）分类，这种差异才是制造商实施 RPM 的原因。因此，Winter 认为试衣间不可能成为 RPM 使用的原因，这一看法本身是正确的，但是，这一批评本身就是对服务理论的一种误读，因为试衣间这种服务与消费者异质性没有任何关系。

在现有文献中，对 Monsanto 一案的判决一直争议不断，我们的理论能够对这一著名案例给出新的、合理的解释。在 Monsanto v. Spray 一案中，Monsanto 和零售商签订协议，要求零售商定期对员工进行培训，对顾客提供良好的零售服务，以及最低零售限价；同时，Monsanto 也承诺向零售商予以售后补偿等①。零售商 Spray 是一家折扣零售商（CL 投资类型），因降价被 Monsanto 中止供货后向法院

① Monsanto Co. v. Spray - Rite Svc. Corp., 465 U. S. 752 (1984).

提起诉讼。Spray 向法院强调，其降价吸引的都是那些“有经验的、不需要特质服务的老顾客”，并以此为由，认为降价并没有产生搭便车问题，也没有影响零售服务水平。Klein 和 Murphy（1988）也以此案为例证，认为，阻止搭便车并不是激励零售服务的真正原因。但在引入消费者异质性后，对之前这些用来对服务理论的抗辩，恰好成为对服务理论的支持。在 Monsanto 一案中，“老顾客”（L 类型）证明了需求异质性的存在，Spray 不提供零售服务并给予一定幅度的降价，确实只会从对手零售商那里吸引这些不需要服务的“老顾客”，但从（14）式可以看到，由于 L 类消费者的购买构成对零售服务高投入补偿的一部分，Spray（低投入零售商）降价会使高投入零售商失去这一部分收入，从而使得高投入得不偿失，最终会降低整个行业的最优零售服务水平。如此，我们的理论为 Monsanto 一案的判决提供了新的经济解释。

忠诚折扣与 RPM 的组合使用也为我们理解累进数量折扣的效率含义提供了新的视角。如果不考虑排他效应，通常的效率观点是，累进的忠诚折扣可以提高零售商对某一品牌的边际销售努力。但在我们的理论框架下，忠诚折扣的作用在于，通过利用事后的数量来真实地反映出零售商的事前能力（投入），形成一个激励兼容的自实施机制。认识到这一点，也有助于我们更全面地理解 RPM 合约，有助于弥补传统服务理论中的某些不足。例如，Marvel 和 McCafferty（1984）提出的“质量论证假说”极富见地，但假设高投入的高声誉零售商利润为零，而低投入的低声誉零售商反而能够获得更多的利润，与现实并不吻合。我们的假说对声誉论证理论给出了更为合理的补充解释：RPM 阻止了“声誉搭便车”，累进的数量折扣使零售商在投资于高声誉还是低声誉方面是无差异的，从而保证了市场中两类零售商共存。事实上，Marvel 和 McCafferty 是以药品零售业的经验证据对其假说进行实证检验的，而在药品零售行业里，RPM 与数量折扣恰恰经常被同时使用。忽略数量折扣在 RPM 合约中的作用，影响了传统服务理论的解释力。

总体而言，引入消费者异质性是对传统服务理论的一个拓展，在这一框架下，之前对传统服务理论的一些质疑能够得到非常合理的解释。服务理论在 RPM 反垄断政策实施中具有极为重要的地位，我们的理论拓展不仅为 RPM 适用合理原则提供了进一步的理论支持，而且，由于消费者异质性是一个相对容易观察和比较的特征，这对合理原则的具体实施赋予了明确的政策含义。

附录：

对（14）式～（16）式的证明：

$a < a_l$时，行业最优的价格水平为p_{I}^*，在该价格下，不同投资水平下的行业利润排序为：

$\Pi_{CL,CL}(p_{\mathrm{I}}^*) > \Pi_{CH,CL}(p_{\mathrm{I}}^*) > \Pi_{CH,CH}(p_{\mathrm{I}}^*)$

$\pi_{CL,CL}^R(p_{\mathrm{I}}^*, 0) = \pi_{CL,CH}^R(p_{\mathrm{I}}^*, 0) = \Pi_{CL,CL}(p_{\mathrm{I}}^*)/2$；$\pi_{CH,CH}^R(p_{\mathrm{I}}^*, 0) = \Pi_{CH,CH}(p_{\mathrm{I}}^*)/2$

$\pi_{CH,CL}^R(p_{\mathrm{I}}^*, 0) + \pi_{CL,CH}^R(p_{\mathrm{I}}^*, 0) = \Pi_{CH,CL}(p_{\mathrm{I}}^*)$

易得：$\pi_{CL,CL}^R(p_{\mathrm{I}}^*, 0) = \pi_{CL,CH}^R(p_{\mathrm{I}}^*, 0) > \max(\pi_{CH,CL}^R(p_{\mathrm{I}}^*, 0), \pi_{CH,CH}^R(p_{\mathrm{I}}^*, 0))$

$a_l \leqslant a < a_h$时，行业最优的价格水平为p_{II}^*，行业利润排序满足：

$\Pi_{CH,CL}(p_{\mathrm{II}}^*) > \Pi_{CL,CL}(p_{\mathrm{II}}^*) > \Pi_{CH,CH}(p_{\mathrm{II}}^*)$

由(17)式～(18)式可得：$\pi_{CH,CL}^R(p_{\mathrm{II}}^*, 0) > \pi_{CL,CL}^R(p_{\mathrm{II}}^*, 0) = \pi_{CL,CH}^R(p_{\mathrm{II}}^*, 0) > \pi_{CH,CH}^R(p_{\mathrm{II}}^*, 0)$

$a \geqslant a_h$时，行业最优的价格水平为p_{II}^*，行业利润排序满足：

$\Pi_{CH,CL}(p_{\mathrm{II}}^*) > \Pi_{CH,CH}(p_{\mathrm{II}}^*) > \Pi_{CL,CL}(p_{\mathrm{II}}^*)$

同理可得：$\pi_{CH,CL}^R(p_{\mathrm{II}}^*, 0) > \pi_{CH,CH}^R(p_{\mathrm{II}}^*, 0) > \pi_{CL,CL}^R(p_{\mathrm{II}}^*, 0) = \pi_{CL,CH}^R(p_{\mathrm{II}}^*, 0)$

第七章　默契合谋、RPM 与违约惩罚

第一节　引言

Stigler（1961）在《政治经济学杂志》发表的那篇经典论文指出，消费者的搜寻成本越低，市场中的价格也必然越低，因为消费者能够更容易地实现“货比三家”，迫使生产者之间进行更为激烈的价格竞争。当互联网出现后，各电子商务平台集中了大量的同类商品销售者，并且，通过点击鼠标来替代传统的搜寻模式，消费者的搜寻成本极大降低，线上商品的价格理应低于传统的市场价格，很多研究也的确发现了互联网价格水平降低的证据（ANCARANI F.，SHANKAR V.，2004；Clay K.，Krishnan R. & Wolff E.，2001；Oksana Loginova，2009；DavidP. Byrne & Nicolas DE Roos，2017）。然而，也出现了一些令人惊讶的例外。Smith（2001）的研究指出，消费者在线上购买时，会集中搜寻那些知名电商，并且这些知名电商会共同制定高价；一些产品经销商的线上标价甚至高于线下标价（Krishnan R.，Wolff E.，2001）；并且，知名度越高或 Google 等搜索引擎中排名越高的电商，其价格也越高（Ellison et al.，2014）。中国经营网对电商和实体店价格调查的结果显示，在被调查的 7 款热门商品中，有 6 个项目的最高价格出

现在电商平台中。[①] 安徽商报从合肥市多家超市挑选了一些生活中常用的物品，然后与几家主流购物网站对比，其中就有不少在实体店更便宜![②] “互联网高价”现象似乎对经典理论提出了挑战。

事实上，在实体经济中早就存在所谓“商业集中高价”现象。例如，我们经常能够看到大量同类竞争性的产品会集聚在一起销售，如服装、餐饮、住宿等往往单独集聚销售，大型商场中汇聚了大量同类竞争性品牌产品，但在这些市场中，产品之间的竞争远不如想象中激烈，不仅很少出现“血拼”价格的现象，相反，价格水平甚至高于那些分散的市场。对此，一些研究者指出，在集中性的市场上，卖者们更容易交流价格信息，通过长期博弈达成默契合谋（Sudhir K. 2001）。OECD 报告《算法与合谋：数字时代的竞争政策》（2017）再次强调了互联网对这类合谋的强化作用：在数字经济下，与那些价格调整成本很高且很耗时的传统市场环境不同，线上市场的价格原则上来说可以基于企业意思进行频繁变化，价格可能能够实时更新，对合谋背离行为立刻予以报复。法国、德国的《竞争法与数据》调研报告便指出：“通过处理所有可获得的信息，监督以及分析或预测竞争对手对目前以及未来价格的反应，各竞争者可能很容易发现一个超竞争水平且大家都会同意的均衡价格。”

传统的默契合谋理论对互联网高价现象给出了一个有说服力的假说，但是，仔细研究案例还是会发现，一些互联网固定高价行为似乎对上述经典理论提出了新的挑战。在上海物价局 2017 年对“捷波朗（Jabra）”品牌耳机 RPM 处罚一案中，生产商对下游零售商价格进行了明确的限制（RPM），对包括“捷波朗官网价格”、“天猫旗舰店价格”、“京东价格”、“天猫店价格”、“淘宝店价格”、“网络限价”、“线下价格”等进行了详细的规定。[③] 企业为什么要限制自己“频繁变化”价格权利呢？更进一步，在纵向约束理论中，厂商通过对零售商的价格进行干预，可以达到稳定价格卡特尔的作用（Telser，1960；Partrick，2004），这也是

---

① http：//www. cb. com. cn/investigation/2014_1022/1090152_2. html.

② http：//news. 163. com/14/1111/09/AAOTA1P400014AED. html.

③ http：//www. yidianzixun. com/article/0I8bT4aR.

RPM 长期被反垄断执法机构视为本身违法的一个最重要原因。然而，如果互联网使得默契合谋变得可行，制造商为什么还要使用 RPM 这种易于引起反垄断执法机构关注的手段呢？这显然极不合常理。到目前为止，默契合谋理论均未能对这一问题给出答案。

本书为商业集中默契合谋现象提出了一个新的假说。根据 Stigler（1960），我们假定当两个厂商具有不对称的竞争力量时，高成本厂商会避免与低成本厂商同处一个销售平台，并分别对高搜寻成本消费者垄断定价，从而在市场中形成高、低差别定价。由于对具体的平台及价格信息不完全，高搜寻成本消费者会担心“不巧”购买到高价格产品，从而降低进入市场购买的意愿。当高搜寻成本消费者数量很多时，两个厂商实施相同定价就能降低不确定性，提高消费者进入市场的数量，实现帕累托改善。具体来说，当一个生产商 1 较另一个生产商 2 具有成本优势时，在 Bertrand 价格竞争下，如果厂商 1 与厂商 2 保持相同定价，会对其产生两种效应：①竞争弱化效应：相同的定价使得生产商 2 能够和自己平分市场，出让一部分市场份额给 2 对 1 是一种损失；②需求强化效应：两个产品在同一零售平台销售，使消费者无须担心支付额外的搜寻成本，这会吸引更多的消费者进入市场购买，整个市场需求会扩大，厂商 1 也能分享其中收益。如果需求强化效应大于竞争弱化效应，厂商 1 的最优策略就是制定一个高的价格与厂商 2 分享市场，而不是实施 Bertrand 价格竞争。特别地，在非合作博弈框架下，当消费者具有完全价格信息时，生产商 2 对生产商 1 的降价行为采取“冷酷战略”，就能够实现对偏离默契合谋的惩罚；但当消费者处于不完全价格信息状态时，只有当生产商 2 实施最低零售价格后，才能对生产商 1 的降价行为形成一种可置信的威胁，实现默契合谋。

通常，默契合谋总是被认为是有损消费者福利的。在一个同质产品的重复博弈框架下，Vaiva（2015）的研究认为，高的消费者搜寻成本会提高厂商单独定价（偏离合谋）的利润，削弱了厂商之间对偏离合谋的惩罚，因而会使价格合谋更难以存在。Nilson（1999）在一个与本书类似的消费者异质条件下研究合谋情形，也发现消费者搜寻成本的提高会使卡特尔变得更不稳定。上述研究结论都是在消费者搜寻成本外生给定这一条件下得到的。而在本书中，厂商的定价策略与销售位置选择直接影响到消费者是否需要搜寻，因而消费者搜寻成本具有内生的特征，这使本书的研究与之前研究具有根本的不同。也正因为此，我们发现，当厂商合作统一定价能够吸引大量高搜寻成本消费者进入时，消费者福利有可能得到改善，这也是之前理论均没有注意到的一个新的结论。

本书的研究还发现，基于消费者搜寻成本节约的默契合谋会对互联网高价产生直接的影响，但其价格效应并不是单一的：若高成本产品的价格下降，低成本产品的价格就会上升，据我们所知，这是一个新的解释，是对现有文献的重要补充。从消费者搜寻成本的角度，一些研究将互联网高价归因于“互联网长尾现象”或“拓展边际效应”（Brynjolfsson etc，2011；Hortacsu & Syverson，2004；Moraga - Gonzalez et al.，2017），即一方面互联网降低了消费者搜寻成本，使得消费者需求弹性更高、价格更低（搜寻强度边际效应），但另一方面互联网使更多的高搜寻成本消费者进入市场，这些高搜寻成本的消费者需求弹性很低，使得价格升高（拓展搜寻边际效应）。Bar - Isaac 等（2012）的研究认为，搜寻成本下降也有可能导致平均价格上升，因为企业可以为小众消费者提供更为差异化的产品；Yang（2013）认为上述小众市场的出现又进一步缓解了主流产品市场的竞争。Chen 和 Zhang（2011）、Armstrong 和 Zhou（2011）、Janssen 和 Shelegia（2015）都论证了搜寻成本降低导致价格上升这一现象存在。此外，还有一些文献从策略的角度对互联网高价问题进行了研究（Clay K. et al.，2001；刘晓峰、顾领，2018；王自力等，2019；李三希等，2018；Oystein Foros et al.，2017）。总体来看，我们的研究无论是研究视角还是研究结论，与上述文献都有明显不同。

本书的研究对转售价格维持（RPM）反垄断治理也具有明确的政策意义。在RPM理论中，最低零售价格或者是厂商之间稳定卡特尔的辅助工具（Telser，1960；Partrick et al.，2010），或者是控制价格竞争，激励零售商努力的手段（Telser，1960；McCaffery，1984；Winter，1993；Chen，2000），但在本书中，面对成本优势厂商降价的机会主义动机，劣势的制造商单边使用RPM阻断了自己妥协的退路，形成对优势厂商降价进行报复的可置信的威胁。在已有的 RPM 研究里，尚没有文献注意到 RPM 的这一功能。并且，传统理论中厂商借助 RPM 实施横向卡特尔都是双边实施的，而本文发现厂商只需单边实施 RPM 就能实现默契合谋，这一特征可以成为识别 RPM 使用目的的一项重要的、可检验的筛选指标。

接下来，本书的安排如下：第二部分是一个基准模型，在合作博弈框架下构建了使两个厂商均获得改善的合作定价均衡，揭示其合作收益实现的机制和条件，也为之后的非合作博弈构建了一个优化目标；第三部分是在非合作博弈下，分别研究消费者价格完全信息、消费者价格不完全信息条件下，实现默契合谋的条件；第四部分是讨论与结论。

第二节　基准模型

假定市场中有两个厂商 1、2 分别生产替代性产品（分别以 1、2 表示），制造商产品价格和成本分别为p_i，c_i，$i=1$，2，$c_1<c_2$。为简便，令$c_1=0$，$c_2=c>0$，厂商之间进行 Bertrand 价格竞争。A、B 两个零售平台分别处于不同的空间位置，A、B 之间的距离标准化为 1，厂商须且仅须委托 A、B 两个零售平台之中任何一个销售其产品，A、B 在正式销售前向厂商收取一次性收费 T，然后按制造商给出的价格销售，因而不存在双重加价问题。如果产品 1、2 均由某一零售平台 A 或 B 销售，则我们称之为“扎堆”，若产品 1、2 分别由不同零售平台销售，则称之为“单干”，制造商成本对所有参与者都会公开信息。

假定消费者对产品 1、2 具有相同的效用 u，u 在 $[0, \bar{u}]$ 区间服从均匀分布函数 $F(u)$，密度为 $f(u)$。消费者是风险中性的，其数量标准化为 1，并被区分为高搜寻成本和低搜寻成本两类，比例分别为 α，$1-\alpha$，其单位搜寻（转换）成本分别为s_h，s_l，为简便起见，假设$s_h=s$，$s_l=0$，且 $s>|p_2-p_1|$。

在本节，我们始终假定消费者具有完全价格信息，但只具有不完全的位置信息。完全价格信息是指，消费者在进入市场前能够知道两个厂商的具体出价p_1、p_2。不完全位置信息是指，当两个厂商分别在不同零售平台销售时，消费者不清楚p_1、p_2具体处于哪一个零售平台。很显然，仅当两个厂商选择不同的零售平台销售时，才会存在不完全位置信息，如果两个厂商选择同一个零售平台销售，则位置信息就是完全的，因为消费者能够确定地在一个平台观察到p_1、p_2。

1. 非合作均衡

在Bertrand价格竞争下，如果两个厂商在同一个零售平台销售，则成本优势的厂商一定会在价格竞争中胜出，因此，成本劣势的厂商只能选择“单干”，避开成本优势厂商。记单干模式下产品1、2的价格分别为p_{1s}、p_{2s}，在单干模式下，低搜寻成本的消费者将全部到低价格厂商那里购买，由于厂商1具有成本优势，因此我们合理地假定，$p_{1s}<p_{2s}$。无论是高价格厂商还是低价格厂商，每个厂商都能得到一半随机进入市场的高搜寻成本消费者，因而，每个厂商都能够实施垄断定价。

在厂商“单干”模式下，高搜寻成本消费者不知道产品1、2具体是在A还是在B销售，因此，只能随机选择任意一家零售店①，为简便起见，假设任何消费者初始进入市场的成本均为0。对于厂商1，由于$p_{1s}<p_{2s}$，所有的低搜寻成本消费者都会购买其产品，其购买量为$(1-\alpha)F(u\geqslant p_{1s})$；同时，具有效用$u\geqslant\frac{p_{1s}+p_{2s}}{2}$的高搜寻消费者进入市场后，会有$\frac{1}{2}$的概率遇到$p_{1s}$并购买，购买数量为$\frac{1}{2}\alpha F\left(u\geqslant\frac{p_{1s}+p_{2s}}{2}\right)$。制造商1的利润函数为：

$$\pi_1^s=p_{1s}\left[(1-\alpha)F(u\geqslant p_{1s})+\frac{1}{2}\alpha F\left(u\geqslant\frac{p_{1s}+p_{2s}}{2}\right)\right]-T \tag{1}$$

对于厂商2，其定价为p_{2s}。有$\frac{1}{2}\alpha F\left(u\geqslant\frac{p_{1s}+p_{2s}}{2}\right)$的需求能够遇到$p_{2s}$，但仅有

① 市场中零售店越多，搜寻成本就越高（Stigler，1960）。因此，如果在两家零售店假设下我们的结论成立，则在多家零售店场景下就更易于成立。

$u \geqslant p_{2s}$的消费者才会购买，因此，其购买数量为$\frac{1}{2}\alpha F(u \geqslant p_{2s})$。厂商 2 的利润函数为：

$$\pi_2^s = \frac{1}{2}\alpha(p_{2s} - c)F(u \geqslant p_{2s}) - T \tag{2}$$

两个厂商均对其利润函数进行最大化定价。令$p_{1s}^* = \text{argmax}_{p_1}\pi_1^s$，$p_{2s}^* = \text{argmax}_{p_2}\pi_2^s$。

定义 1：非合作均衡。当两个厂商进行竞争定价时，两个厂商分别在不同的零售平台销售产品，均衡为（p_{1s}^*，p_{2s}^*，单干）。

2. 合作均衡

在 Bertrand 竞争（非合作）下，由于成本差别，两个厂商的最优定价不可能相同。但如果两个厂商能够合作，则必须考虑相同定价下厂商的利润是否有可能得到改善。如果两个制造商制定相同的价格，则各制造商的利润函数为：

$$\pi_i^t = \frac{1}{2}(p - c_i)F(u \geqslant p) - Ti = 1, 2 \tag{3}$$

比较（1）式~（3）式的利润最大化值，可以得到引理 1。

引理 1：当$2c \leqslant \bar{u} \leqslant 3c$，对于$\alpha \in [0, 1]$，定义临界搜索成本$\bar{s} = \frac{8 - 5\alpha}{16 - 12\alpha}c - \frac{\alpha(c^2 + c^2)8 - 5\alpha}{2(16 - 12\alpha)\bar{u}}$。当$s \geqslant \bar{s}$时，必存在$\xi > 0$，使得在$\alpha \in [1 - \xi, 1]$时，存在价格$\bar{p} \in \left[\frac{\bar{u}}{2}, \frac{\bar{u} + c}{2}\right]$，使得$\pi_1^t(\bar{p}, \bar{p}) = \frac{1}{2}\bar{p}F(u \geqslant \bar{p}) \geqslant \pi_1^s(p_{1s}^*)$、$\pi_2^t(\bar{p}, \bar{p}) = \frac{1}{2}(\bar{p} - c)F(u \geqslant \bar{p}) \geqslant \pi_2^s(p_{2s}^*)$同时得到满足（证明见附录）。

引理 1 说明，在某些条件下，低成本厂商克制而不是放任自己的竞争优势会使自己变得更好。其原因在于：

$$\frac{\partial \pi_1^s}{\partial p_{2s}} = -\frac{1}{4}\alpha p_{1s} f\left(\frac{p_{1s} + p_{2s}}{2}\right) < 0 \tag{4}$$

制造商 2 的价格会对厂商 1 产生负外部性，且p_{2s}越高，对厂商 1 利润产生的负面影响越大。其原因在于，p_{2s}会提高市场预期价格，阻止一部分保留价格较低

的 α 类消费者进入市场，而这些消费者在确定信息条件下（如果知道 1 的价格和位置），会购买产品 1。厂商 2 的高成本、高价格提高了市场的整体价格预期水平，降低了市场需求，这一后果完全由低成本的厂商承担了。（从（4）式还可以看到，α 和p_{1s}越大，这种外部性对厂商 1 的影响越严重。）

以下两个式子直观地反映了从合作统一定价优于单干垄断定价的机理。

$$\pi_1^t - \pi_1^{s*} = \frac{1}{2}\alpha\left[\underbrace{\bar{p}F(u \geqslant \bar{p}) - p_{1s}^*F\left(u \geqslant \frac{p_{1s}^* + p_{2s}^*}{2}\right)}_{\bar{p}\text{有利于厂商1从}\alpha\text{消费者获得的利润增加}}\right] + \frac{1}{2}(1-\alpha)\underbrace{[\bar{p}F(u \geqslant \bar{p}) - p_{1s}^*F(u \geqslant p_{1s}^*)]}_{\bar{p}\text{引起厂商1从}\frac{1}{2}(1-\alpha)\text{消费者获得的利润下降}} - \underbrace{\frac{1}{2}p_{1s}^*(1-\alpha)F(u \geqslant p_{1s}^*)}_{\bar{p}\text{会使厂商1完全失去}\frac{1}{2}(1-\alpha)\text{的消费者}} \tag{5}$$

$$\pi_2^t - \pi_2^{s*} = \frac{1}{2}\alpha[\underbrace{(\bar{p}-c)F(u \geqslant \bar{p}) - (p_{2s}^* - c)F(u \geqslant p_{2s}^*)}_{\text{低的}\bar{p}\text{使厂商2受损}}] + \underbrace{\frac{1}{2}(1-\alpha)(\bar{p}-c)F(u \geqslant \bar{p})}_{\text{相同的}\bar{p}\text{使厂商2获得一半份额的低成本消费者}} \tag{6}$$

从（5）式可以看到，对厂商 1 而言，在$\bar{p} \geqslant p_{1s}\dfrac{F\left(u \geqslant \dfrac{p_{1s} + p_{2s}}{2}\right)}{F\ (u \geqslant \bar{p})}$的范围内，把价格从$p_{1s}^*$提高到统一的价格$\bar{p}$，可以降低消费者的不确定性，增加利润；但其代价是放弃自己的价格竞争优势，产生因失去一部分低搜寻成本消费者所引起的损失。同时，从（6）式可以看到，一个统一的价格$\bar{p}$对高成本的厂商 2 也具有两方面影响。一方面，从垄断定价p_{2s}^*降低到$\bar{p}$会降低其从$\frac{1}{2}\alpha$ 消费者所得到的垄断利润，但另一方面其补偿获得$\frac{1}{2}$（$1-\alpha$）数量低成本消费者购买所带来的利润增加。

定义 2：合作均衡。当满足引理 1 时，两个厂商合作最优定价为（$\bar{p}$，$\bar{p}$）。

在合作均衡下，无论厂商是选择单干还是扎堆，消费者都将处于完全位置信息状态，因为在相同的价格下，在任何销售平台购买都是无差异的。

第三节 非合作博弈

我们已经看到，如果厂商合作定价（$\bar{p}$，$\bar{p}$），能够使得双方都变好。然而，正如所有的卡特尔一样，合作并非易事。因为，一旦某一厂商设定$\bar{p}$，如果另一个厂商设定一个稍低的价格$\bar{p}-\varepsilon$，就能够从对手那里吸引消费者并获利。因此，如何限制这种机会主义行为是实现合作的关键。接下来，我们在一个非合作博弈框架下，考察厂商如何实现合作定价均衡。在之后的分析中，我们始终假设消费者具有不完全位置信息。

1. 消费者完全价格信息

在本节，我们仍然假定消费者具有完全价格信息，即厂商在报价完成之后，消费者能够准确地知道厂商的具体报价。

我们在一个重复博弈结构下考察厂商博弈均衡。博弈共分为 0，1，…无限期。每期博弈的时序如下：在第一阶段，两个厂商选择零售店，并且各向零售商一次性支付费用 T。如果两个厂商都选择同一家零售商，则我们称之为“扎堆”，如果两个厂商分别选择不同的零售商，则称之为“单干”。厂商能够观察到对方的销售位置选择。在第二阶段，双方均选择“冷酷战略”：两个厂商同时给出价格，如果报价结果为（$\bar{p}$，$\bar{p}$），则双方继续保持合作，如果有任何一方降价，则另一方在当期遭受损失，并在以后的各期都采取竞争定价策略。在第三阶段，消费者根据价格信息决定是否进入市场以及是否购买产品。

在任一期博弈中，给定任何一方定价$\bar{p}$，另一方降价都可能获得机会主义收益，但同时也将失去之后各期的合作收益。显然，由于厂商 1 的成本更低，能够约束厂商 1 降价的条件，对厂商 2 也一定成立，因此，在接下来的分析中，我们始终假定厂商 2 会出价$\bar{p}$，考察厂商 1 是否具有降价的动机。

厂商2实施“冷酷战略”：在0期报价$\bar{p}$，如果厂商1也报价$\bar{p}$，则在下一期继续报价$\bar{p}$；如果厂商1报价低于$\bar{p}$，则在下一期及之后的各期始终选择报价p_{2s}^*并单干。给定厂商2的战略，厂商1有两个选择，报价$\bar{p}$或降价。如果合作，报价$\bar{p}$每期均获得收益π_1^t（$\bar{p}$，$\bar{p}$）；如果不合作，降价ε能够获得当期的额外收益，但必须承受之后各期因非合作产生的损失。

需要特别注意的是，厂商2在第一阶段的销售位置选择会影响博弈的支付。①如果厂商2扎堆，厂商1降价任意小的ε将获得全部消费者，较报价$\bar{p}$相比，厂商1降价能够多获得当期利润：

$$\pi_1^{Ct}=(\bar{p}-\varepsilon-c_1)F(u\geqslant\bar{p}-\varepsilon)-\pi_1^t(\bar{p},\ \bar{p}) \tag{7}$$

如果厂商2单干，厂商1降价$\bar{p}-\varepsilon$只能吸引到低搜寻成本消费者，较报价$\bar{p}$能够多获得利润：

$$\pi_1^{Cd}=(\bar{p}-\varepsilon-c_1)(1-a)F(u\geqslant\bar{p}-\frac{\varepsilon}{2})+\frac{1}{2}(\bar{p}-\varepsilon-c_1)aF(u\geqslant\bar{p}-\frac{\varepsilon}{2})-\pi_1^t(\bar{p},\ \bar{p}) \tag{8}$$

显然，$\pi_1^{Ct}>\pi_1^{Cd}$，即在相同条件下，厂商2扎堆更容易诱发厂商1降价。因此，厂商2在第一期选择单干更容易达成($\bar{p}$，$\bar{p}$)。

厂商1降价之后每期损失为$v^t=\pi_1^t(\bar{p},\ \bar{p})-\pi_1^s(p_{1s}^*,\ p_{2s}^*)$，降价引起的总损失为$\frac{v^t}{1-\delta}$，其中$\delta$是贴现因子。厂商1选择降价的条件为：

$$\pi_1^{Cd}\geqslant\frac{v^t}{1-\delta} \tag{9}$$

对上式取等式，可得$\delta^*=1-\frac{v^t}{\pi_1^{Cd}}$。当$\delta\geqslant\delta^*$时，厂商1会始终保持合作定价$\bar{p}$，此时，均衡为（$\bar{p}$，$\bar{p}$）。相反，当$\delta<\delta^*$时，厂商1将始终选择降价，预见到这一点，厂商2从一开始就不会选择$\bar{p}$，而是选择垄断定价p_{2s}^*，相应地，厂商1

① 任何一个厂商都可以决定不与竞争对手处于同一个销售平台。例如，厂商可以与平台签订独家销售合约。

的最优定价为p_{1s}^*。

命题1：若消费者对价格完全信息，且当厂商贴现因子$\delta \geqslant \delta^*$时，厂商2冷酷战略能够实现合作定价，博弈均衡为（$\bar{p}$，$\bar{p}$，单干）。

在消费者完全价格信息条件下，消费者进入市场的数量随着厂商2的报价发生变化，因此，厂商2单干并报价p_{2s}^*形成了对厂商1降价的惩罚。接下来，我们讨论在$\delta \geqslant \delta^*$条件下，如果消费者不具有完全价格信息时，合作均衡是否能够实现。

2. 消费者不完全价格信息

本小节假设与之前一样，唯一不同在于，我们放松消费者完全价格信息假设，即消费者不能观察到产品的真实报价。这一假设在现实中经常出现，例如，消费者可能只是对价格分布有所了解，或者即使通过一些渠道——如商家的价格广告或者消费者口口相传——知道商品的标价，但商家允许消费者进行讨价还价，或者临时性调整价格。当报价不具有约束力时，消费者只能根据两个厂商的成本状态、地理位置信息等来推测各产品的市场交易价格p_1、p_2，并据此决定是否进入市场。

消费者对价格的判断逻辑起点是，如果两个厂商扎堆，则价格必定一样。这一点很显然，因为扎堆时，消费者能够0成本地看到两者的价格，任何微小的差别都会使高价格一方的需求为0。因此，如果消费者观察到厂商在同一个平台销售，则会相信，两个产品的价格一定是相同的。

引理2：如果两个厂商单干，则消费者判断两个厂商是非合作的，预期价格为（p_{1s}^*，p_{2s}^*）。

证明：当两个厂商是单干状态时，假定消费者相信厂商之间是合作的，价格为（$\bar{p}$，$\bar{p}$），则有$F(u \geqslant \bar{p})$的消费者进入市场，但一旦消费者进入市场后，厂商1如果降价至$\bar{p}-\varepsilon$，就能够获得全部的低搜寻成本消费者，相应的利润函数为：

$$\pi_1^t(\bar{p}-\varepsilon,\ p_2) = (\bar{p}-\varepsilon)\left[(1-\alpha)F(u \geqslant \bar{p}) + \frac{1}{2}\alpha F(u \geqslant \bar{p})\right] - T \qquad (10)$$

定价$\bar{p}$的利润函数为：

$$\pi_1^t(\bar{p},\ \bar{p}) = \frac{1}{2}\bar{p}F(u \geqslant \bar{p}) - T \qquad (11)$$

由于厂商 1 具有成本优势，当厂商 1 降价时，厂商 2 不可能降价与厂商争夺低搜寻成本消费者，其最优反应是提高价格至p_{2s}^*，因此，厂商 1 降价总能够获得收益$\pi_1^t(\bar{p}-\varepsilon,\ p_2) > \pi_1^t(\bar{p},\ \bar{p})$，因而一定会降价。这样，实际的价格为$(\bar{p}-\varepsilon,\ p_{2s}^*)$。但是，理性的消费者能够预见到这一点，其对市场的预期价格就不是$(\bar{p},\ \bar{p})$，而对于任何$p \notin \{\bar{p}\}$，均有$\pi_1^s(p,\ p_{2s}^*) \leqslant \pi_1^s(p_{1s}^*,\ p_{2s}^*)$，因此，给定制造商 2 选择$p_{2s}^*$，制造商 1 从一开始就会选择报价$p_{1s}^*$，因而，单干均衡始终是$(p_{1s}^*,\ p_{2s}^*)$。证毕。

引理 2 说明，如果消费者只有不完全价格信息，单干不可能达到（$\bar{p}$，$\bar{p}$）均衡。在完全价格信息条件下，单干之所以能够实现均衡，是因为厂商 2 提高价格就能够对厂商 1 的降价行为进行惩罚。而在不完全价格信息下，厂商 2 无法利用价格向消费者传递，在前一期厂商 1 是否合作，从而缺乏对厂商 1 降价的惩罚机制，故而厂商 1 总是具有降价动机。

引理 3：当 $T=0$ 时，如果两个产品扎堆销售，则消费者相信两个厂商是合作的，预期价格为（$\bar{p}$，$\bar{p}$）。

证明：扎堆时两个厂商的价格相等。假定扎堆时厂商 1 是非合作的，即价格$\tilde{p} \notin$（$\bar{p}$），则必有π_i^t（$\tilde{p}$，$\tilde{p}$）$<\pi_i^s$（p_{1s}^*，p_{2s}^*），厂商 2 无论在前一期的损失如何，第二期都必然会单干并获得π_2^s（p_{1s}^*，p_{2s}^*），因而厂商 1 会损失未来的收益$\frac{v^t}{1-\delta}$。既然厂商 2 选择了扎堆，说明$\delta \geqslant \delta^*$，即厂商 1 在未来的惩罚约束下，一定会选择合作定价。证毕。

由引理 2 和引理 3，可得命题 2。

命题 2：当消费者对价格具有不完全信息，若 $T=0$ 时，仅有扎堆能够实现（$\bar{p}$，$\bar{p}$）合作均衡。

但当 $T>0$ 时，引理 3 就不再成立。这是因为，当厂商 1 非合作降价时，厂商 2 转换到另一个零售平台需要再次支付固定成本 T，此时，厂商 2 单干后各项收益之和就不再是$\frac{1}{1-\delta}\pi_2^s(p_{1s}^*,\ p_{2s}^*)$，而是$\frac{1}{1-\delta}\pi_2^s(p_{1s}^*,\ p_{2s}^*)-T$。由于这一特点，一旦厂商2选择扎堆，厂商1就可以采取“有限降价策略”来侵蚀厂商2的利益。引理4的证明将更为详细地展示这一过程。

引理4：当$T>0$时，如果厂商扎堆销售，则消费者预期市场价格为$(\bar{p}-e,\ \bar{p}-e)$。

证明：厂商2选择扎堆，则消费者预期两个产品的销售价格相同。若厂商1设定价格水平$\bar{p}-e$，此时，厂商2有两个策略选择：或者单干并选择定价p_{2s}^*，或者继续跟随定价至$\bar{p}-e$。如果单干并定价p_{2s}^*，由于重新选择零售平台需要支付新的固定费T，其收益为：$\frac{1}{1-\delta}\pi_2^s(p_{1s}^*,\ p_{2s}^*)-T$；如果选择跟随定价$\bar{p}-e$并继续扎堆，收益为$\frac{1}{1-\delta}\pi_2^t(\bar{p}-e,\ \bar{p}-e)$。因此，只要

$$\frac{1}{1-\delta}\pi_2^t(\bar{p}-e,\ \bar{p}-e)-\left(\frac{1}{1-\delta}\pi_2^s(p_{1s}^*,\ p_{2s}^*)-T\right)\geqslant 0 \tag{12}$$

厂商2的最优反应仍然保持扎堆。而理性的消费者在预见到这一点后，不仅是$u\geqslant\bar{p}$的消费者会进入市场，$\bar{p}>u\geqslant\bar{p}-e$的消费者也会进入市场，因为他们知道，只要他们进入市场，厂商1就有激励以$\bar{p}-e$价格将产品卖给他们。证毕。

由引理2和引理4，我们可以得到命题3：

命题3：在消费者价格信息不完全条件下，若$T>0$，均衡为$\{(p_{1s}^*,\ p_{2s}^*)$，单干$\}$，合作定价均衡$(\bar{p},\ \bar{p})$无法实现。

证明：根据引理4，如果$T>0$，消费者按预期价格$\bar{p}-e$进入市场。由于厂商1降价至$\bar{p}-e$能够获得更大的利润，且在该价格下，厂商2无法选择单干对其降价进行惩罚，而只能是跟随定价，因此，厂商1一定会降价。由于$\bar{p}-e\notin\{\bar{p}\}$，$\pi_2^t(\bar{p}-e,\ \bar{p}-e)<\pi_2^s(p_{1s}^*,\ p_{2s}^*)$。预见到这一点，厂商2一开始就不会选择扎堆，而是选择单干并获得收益$\pi_2^s(p_{1s}^*,\ p_{2s}^*)$。证毕。

命题3表明，由于T的存在，厂商1能够利用T对厂商2敲竹杠，使得合作定价均衡无法实现。

3. RPM 均衡

比较消费者完全价格信息和不完全价格信息均衡，可以看到，当 $T>0$，消费者不完全价格信息使得合作均衡（$\bar{p}$，$\bar{p}$）无法实现。在完全价格信息条件下，消费者知道厂商的价格信息，由此产生的价格刚性一方面制约了厂商 1 的降价动机，另一方面也阻断了厂商 2 妥协的退路。而在不完全信息条件下，价格是在消费者进入市场后才决定的，这种价格的灵活性内生出厂商 1 的降价机会主义动机。因此，在这一节，我们将考虑，厂商如何能够使用 *RPM* 限制自己的价格灵活性（机会主义），在 $T>0$ 时实现合作均衡。我们从两个方向考虑：一是厂商 1 对自己的价格进行限制，从而限制自己的机会主义行为；二是厂商 2 对自己的价格进行限制，从而限制自己妥协的退路。

（1）厂商 2 单边 RPM。假定厂商 2 选择最低价格下限$\bar{p}$，其相应的战略为：（$\bar{p}$，扎堆），以及（$\bar{p}$，单干）。我们考察在相应战略下，厂商 1 是否有降价动机。如果没有，则合作定价均衡（$\bar{p}$，$\bar{p}$）实现。

若厂商 2 选择扎堆，则消费者预期两个产品的价格一定是相同的，且由于厂商 2 已经确定了最低价格$\bar{p}$，因此，扎堆时价格一定为($\bar{p}$，$\bar{p}$)，必有 $F(u\geqslant\bar{p})$ 的消费者进入市场。在消费者进入后，如果厂商 1 降价于任意一个低于$\bar{p}$的价格，由于已经设定了最低价格下限$\bar{p}$，与引理 4 的情况不同，厂商 2 不可能采取跟随定价策略，因为所有消费者都将到厂商 1 那里购买，厂商 2 的收益为 0。因此，在随后的所有时期内，厂商 2 就只能考虑是否选择单干。注意到，只要 $\frac{1}{1-\delta}\pi_2^s(p_{1s}^*, p_{2s}^*)-T\geqslant0$，即 $\delta\geqslant1-\frac{\pi_2^s(p_{1s}^*, p_{2s}^*)}{T}$，厂商 2 就将选择单干，情形将恢复到消费者完全价格信息的情况。因此，当 $\delta\geqslant\max\left[\delta^*=1-\frac{v^t}{\pi_1^{Cd}}, 1-\frac{\pi_2^s(p_{1s}^*, p_{2s}^*)}{T}\right]$，厂商 2 选择最低限价$\bar{p}$能够实现($\bar{p}$，$\bar{p}$，扎堆)。

现在考察($\bar{p}$，单干)策略。非常有趣，即使 $\delta\geqslant\max\left[\delta^*=1-\frac{v^t}{\pi_1^{Cd}}, 1-\right.$

$\frac{\pi_2^s(p_{1s}^*,\ p_{2s}^*)}{T}$]，($\bar{p}$，$\bar{p}$，单干)均衡仍然无法实现。这是因为，一旦消费者相信价格为($\bar{p}$，$\bar{p}$)并进入市场，则厂商 1 的最优反应就是降价争夺低搜寻成本消费者，而由于$\bar{p}$只是最低限价，厂商 2 的最优反应就是提高价格至p_{2s}^*，正如之前我们已经证明过的，消费者对市场的预期并不是($\bar{p}$，$\bar{p}$)，而是(p_{1s}^*，p_{2s}^*)。因此，在厂商 2($\bar{p}$，单干)策略下，($\bar{p}$，$\bar{p}$)均衡无法实现。

（2）厂商 1 单边 RPM。我们现在考察如果厂商 1 设定最低价格下限$\bar{p}$，主动约束自己的降价动机，是否能够实现（$\bar{p}$，$\bar{p}$）均衡。

给定厂商 1 实施最低价格下限$\bar{p}$，厂商 1 就放弃了利用成本优势进行降价的可能，但这会引起厂商 2 的机会主义动机，即厂商 2 可以设定一个略低于$\bar{p}$的价格$\bar{p}-\varepsilon$并扎堆，这样，厂商 1 在该期的需求就会下降为 0。当然，厂商 1 在之后的各期就只能选择离开厂商 2 单干，但即便如此，厂商 2 仍然可以以$\bar{p}-\varepsilon$的价格获得全部的低成本消费者，其利润仍然高于$\pi_2^t(\bar{p},\ \bar{p})$，而厂商 1 仍然只能获得$\pi=\frac{1}{2}\alpha(\bar{p}-c)F(u\geqslant\bar{p})-2T<\pi_1^s(p_{1s}^*,\ p_{2s}^*)$。总之，一旦厂商 1 限制了自己的价格，则无论是单干还是扎堆，厂商 2 最优的选择都始终是降价，厂商 1 也将始终为受损者。因此，厂商 1 不可能选择最低价格下限$\bar{p}$。

命题 4：当消费者不完全价格信息，且 $\delta\geqslant\max[\delta^*=1-\frac{v^t}{\pi_1^{Cd}},\ 1-\frac{\pi_2^s(p_{1s}^*,\ p_{2s}^*)}{T}]$，$T>0$，有且仅有厂商 2 实施($\bar{p}$，扎堆)策略，能够实现($\bar{p}$，$\bar{p}$，扎堆)均衡。

厂商 2（$\bar{p}$，扎堆）策略之所以能够实现扎堆均衡，来自两个方面的原因：一是厂商 2 通过设立最低价格下限及扎堆，得以向消费者传递价格信息，使得消费者从不完全信息状态转入完全信息状态，能够正确地预期市场价格为（$\bar{p}$，$\bar{p}$）；二是通过设立最低价格下限，阻断了自己跟随定价的妥协后路，使得“单干”成为非合作时唯一的，也是可信的威胁。非常有意思，厂商 2 用一个似乎对自己最不利的策略，实现了合作均衡。

4. 消费者福利

如果不能实现默契合谋，则市场价格为(p_{1s}^*，p_{2s}^*)，市场中低搜寻成本消费者总能以p_{1s}^*购买到产品。在默契合谋后，市场价格为$\bar{p}>p_{1s}^*$，因而低搜寻成本消费者的福利是受损的。低搜寻成本消费者福利损失为：

$$\triangle C_l = (1-\alpha)\int_{p_{1s}^*}^{\bar{p}} f(u)\mathrm{d}u \qquad (13)$$

由于$\bar{p}\leqslant\frac{p_{2s}^*+p_{1s}^*}{2}$，高搜寻成本消费者福利得到改善：

$$\triangle C_{h1} = \frac{1}{2}\alpha\int_{\bar{p}}^{\frac{p_{2s}^*+p_{1s}^*}{2}} f(u)\mathrm{d}u + \frac{1}{2}\alpha\int_{\bar{p}}^{p_{2s}^*} f(u)\mathrm{d}u - \frac{1}{2}\alpha\int_{p_{1s}^*}^{\bar{p}} f(u)\mathrm{d}u \qquad (14)$$

上式右边的第一项，是由于价格降低，更多的消费者进入市场所产生的剩余增加；第二项是之前随机在厂商2以p_{2s}^*购买，合作后以$\bar{p}$购买，所产生的消费者剩余增加；第三项是之前随机以p_{1s}^*购买到产品1的高搜寻成本消费者的福利下降。当$\triangle C_{h1}>0$时，高搜寻成本消费者的福利得到改善。

若$\triangle C_{h1}-\triangle C_l>0$，则消费者整体福利得到改善。

通常，文献研究普遍认为，厂商之间的默契合谋会导致消费者福利下降，但在本书的研究结论中，这只是问题的一个方面。与之前的一边倒的结论不同，我们发现，当消费者处于价格及位置不完全信息时，厂商之间的默契合谋虽然对低搜寻成本消费者一定不利，但会改善高搜寻成本消费者的剩余，并有可能改善消费者福利整体。

第四节 讨论与结论

我们的理论表明，当消费者存在搜寻成本异质性时，厂商之间有可能达成默契合谋实现扎堆销售，并且由于扎堆能够向消费者传递价格信息，降低消费者价格不确定性，进而提高消费者需求，因此，默契合谋定价不仅能够使两个厂商都变得更好，甚至有可能改善消费者福利。这无疑是一个新的发现。

本书揭示了互联网促进默契合谋的机制解释。我们的理论表明，消费者价格信息越完全，以及零售平台转换成本越低，厂商之间实现默契合谋的可能性就越大。互联网的出现，一方面是互联网使消费者较之前更接近于完全价格信息状态（例如，比价网站的出现），另一方面使厂商在电商平台销售所需要支付的固定成本 T 大大低于传统零售店，这使得厂商对背离格默契合谋的惩罚变得更为严厉和易于实施；同时，在互联网下一些消费者仍然具有较高的搜寻成本（试想一个经常在 A 电商平台购物的消费者知道某一产品在 B 电商平台的价格稍低，但如果为了购买该产品需要重新下载并习惯使用 B 平台的 APP，该消费者很可能会仍然在 A 电商平台购买该产品），这使得产品之间合谋定价的收益面因素仍然存在。在上述因素的共同作用下，越来越多的产品集聚于同一电商平台，并共同避免出现 Bertrand 价格竞争的局面。更为重要的是，互联网把厂商之间传统的静态博弈结构变革为一个动态博弈结构。在传统的零售模式下，由于 T 的值较大，零售商必须在一个相对较长的时期内才能完成一期博弈，因而不太可能考虑未来的多期问题。与建立传统的实体零售店相比，在互联网电商平台上进行转换变得极为简便，这使得厂商能够在很短的时间内完成一期博弈，而传统的一个静态博弈被划分为几乎接近于无数期的动态博弈。未来利益权重的增加使得厂商之间更重视合作，对偏离合作的惩罚也变得更为严厉，促使厂商之间的合作达成。

我们的理论对包括互联网及实体经济现象都具有很好的解释力。在之前的文献中，一些经验研究发现，当产品在地理上集聚在一起时，价格水平反而高于一般水平，即产生所谓“商业集中高价”现象。通常的解释是，由于集中在一起，厂商之间能够观察到各自的价格变化，从而有利于默契合谋。我们的研究不仅在理论上证实了这一点，而且揭示了“商业集中”默契合谋达成的深层机制——对消费者而言，“商业集中”能够向消费者传递明确的价格信息，节约了消费者的搜寻成本，使得更多消费者能够在确定条件下进行决策，提高了消费者需求；对厂商而言，为了让成本有差异的厂商能够集中在一起，具有成本优势的厂商必须控制降价动机，达成默契合谋，在“扎堆”则双赢、“单干”则共损这一情形下，通过选择“扎堆”，内生出“单干”这一有效的惩罚机制，保证了默契合谋的稳定性。

本书的研究也对互联网高价现象提供了一个新的理解视角。试想在进入电子商务之前，两个实体零售产品的价格分别为p_{1s}^*和p_{2s}^*，$p_{1s}^* < p_{2s}^*$。两个厂商在进入电子商务之后，由于价格信息及零售固定成本下降，两个厂商会易于形成默契合谋价格$\overline{p}$，$p_{1s}^* < \overline{p} < p_{2s}^*$。与实体零售时相比，我们既能看到互联网价格较实体零售价格的上升（与产品 2 相比），也能看到绝对的价格下降（与产品 1 相比）。这一点是之前的研究所没有观察到的。

我们的研究也进一步丰富了 RPM 反垄断理论。在传统的 RPM 里，垄断者之间通过对零售价格限制来约束各自偷偷降价的动机，从而使得 RPM 有助于卡特尔的稳定。在传统的 RPM 卡特尔理论里，RPM 的规定必须是双边的。而本书则发现一种单边 RPM 也有助于默契合谋的特殊情况。之所以如此，是因为传统理论里，RPM 都是厂商之间用来向合谋对手承诺高价的保证，而在本书中，RPM 被弱势的一方用来对表示决不妥协的可置信威胁。这是对 RPM 功能的一个新发现，这有助于我们更全面地理解 RPM 的功能，并能把默契合谋与价格卡特尔在相应的环境下进行区分，这无疑对 RPM 反垄断政策实施具有可操作的政策含义。

第八章　结论、展望与建议

第一节　分类治理反垄断治理架构

在现有文献研究的基础上，本书提出了一个 RPM 本身违法与合理原则兼容的反垄断分类治理原则框架，这是本书的核心价值所在。围绕这一框架的具体实施，我们探讨并发现了一些新的 RPM 效率因素，从操作层面为分类治理提供了进一步的理论依据。必须强调的是，我们对效率因素的讨论都是在分类治理框架下展开的，旨在促进从单一治理原则向多治理原则并进、协调实施，正是在这一框架下，对 RPM 的效率因素的探讨才显得富有理性。

正如我们在第二章已经指出的，目前对 RPM 究竟实施本身违法原则还是实施合理原则，争议很大，并且每一方都能举证出颇有说服力的理论和实践证据，这在其他行为的反垄断治理研究中是极为少见的。这两种对立在很大程度上是由于对 RPM 分类不清楚造成的。RPM 本身极为复杂，存在着对竞争有利和不利两方面因素，使得本身违法原则和合理原则的支持者们不仅能从已有的理论和实践中找到各自需要的证据，而且由于我们对 RPM 的认识仍然有限，还能够在那些尚未打开的 RPM 黑箱中，对实施任何一种规则展开乐观或悲观的想象。一旦对抗升级，理性的分析就可能演变成主义之争或学派之争。

反垄断的基本原则是合理原则，本身违法原则仅仅适用于那些几乎必然有害的行为。因此，反垄断法对兼并、滥用优势地位等，都采取合理原则的态度，即便在垄断协议中，一些与价格和产量没有直接关联的协议也不是本身违法的。但对“协议”的分类治理思想也是逐渐演化形成的，例如，纵向约束包括纵向价格约束和纵向非价格约束，在美国曾长期奉行本身违法原则，但20世纪70年代后，人们认识到纵向价格和非纵向价格对竞争的影响后果是不一样的，于是纵向非价格协议被单列出来，适用合理原则。这就给我们一个启示：既然对协议行为能够做出如此细分并分而治之，我们能不能继续对纵向价格约束也做进一步的分类和观察呢？沿着这一思路，我们对 RPM 做了进一步细分，我们的研究表明，至少有两类 RPM 应该适用本身违法，一种是由零售商主导的 RPM，会消除零售商之间的品牌竞争；另一种是由已经签订了卡特尔协议的生产者主导的 RPM，其必然会产生效率扭曲。而对于其他由生产者主导的 RPM，则由于其有可能用于效率促进，也有可能用于妨碍竞争，应该适用合理原则。

分类治理原则意味着，需要对一些 RPM 实施合理原则，这可能会引起一些担忧，即原告需要承担更多的举证责任，有可能产生较高的积极失误成本。这种担忧不无道理。反垄断法经常会将举证责任配置给被告，是因为垄断行为具有类似于“公害”的特征：垄断对众多消费者造成了损害，但分散的消费者无法也无力联合起来对垄断者提起诉讼。不过，从已经发生的 RPM 诉讼来看，这一问题在 RPM 反垄断治理中不足为惧。从实践看，多数 RPM 的诉讼都是发生在零售商与制造商之间，如美国著名的迈尔斯案、高露洁案、丽晶案，以及中国最近发生的锐邦诉强生案等，都是如此。零售商与制造商存在较为长期、稳定的交易关系，对整个行业的竞争关系也非常熟悉，一个提起诉讼的零售商对 RPM 的具体影响，也必然有切身的体会。因此，在涉及 RPM 的各个诉讼相关主体包括执法机构、零售商、消费者当中，零售商是其中能以相对更低的成本获取证据的一方，使用合理原则，把举证责任配置给举证成本最低的零售商，能够节约诉讼成本。因此，当一个零售商由于制造商实施的 RPM 受到损害，他应该也必须提供一些具体的直接证据，证明制造商实施 RPM 是“有害的”。并且，由于零售商都具有类似的市场地位，如果 RPM 对某一零售商造成利益损害，通常对其他一些零售商也会造成类似的损害。该零售商提供的证据清单，可以为执法机构对制造商实施反垄断调查提供明确方向，这对节约执法机构的管理成本也大有好处。

上述分类治理框架应该是开放的和可调节的。本书对 RPM 分类进行了尝试，随着认识深化，所发现的新的形式分类，可以不断纳入分类治理框架，并以适当的形式（如法规修改或及时发布新的司法解释等）进行动态但稳定的调整。一个基本的调整方向是，努力发现并确认新的本身违法的类型，而不是增加合理原则的类型。其原因在于，分类治理的基本原则是，只有明确确定有害的行为才归入本身违法原则，对那些尚没有认识到或存在争议的行为，如果没有把握将其归入本身违法，则都应该纳入合理原则。一旦认识成熟，就可以安全地将一些有害行为重新筛选出来，归入本身违法原则治理范畴。

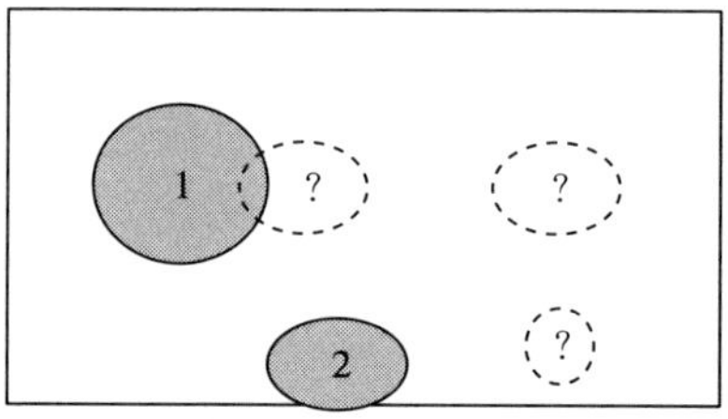

图 8－1　本身违法原则与合理原则关系图

注：图 8－1 显示了本身违法原则与合理原则之间的关系。方框内为全部 RPM 行为，其中阴影圆形为已经确认的适用本身违法原则的行为，其他全部为暂时适用合理原则的行为。虚线圆形为可能存在但尚未被确认的适用本身违法原则的行为，这些行为在确认之前均适用合理原则，在确认之后则适用本身违法原则。方框外为本身合法行为。

在分类治理原则下，当原告对被告提起反垄断诉讼时，执法机构首先需要对诉讼进行判断，该行为适用本身违法原则还是合理原则。如果适用本身违法原则，则执行与传统的本身违法原则无二：原告只需证明特定类型的 RPM 行为发生，则该行为原则上将被执法机构处罚，除非被告能够特别证明其行为是合理的。

如果某一行为不具备被认定为本身违法原则的条件，则适用合理原则，原告需要进一步向执法机构提供证据，证明该行为是妨碍竞争的或妨碍竞争的可能性非常大。执法机构根据原告提出的证据，对被告的行为进行进一步识别，判断该行为与妨碍竞争的关系，以及是否需要进入下一程序。①对于一些证据明显不足的，可以要求原告重新补充证据；②对一些执法机构判断该行为不具有危害可能性的，则终止诉讼；③其余进入抗辩程序，要求被告对原告的起诉进行效率抗辩。一旦进入抗辩阶段，则被告需要对原告的诉讼（妨碍竞争因素）进行具体的回应（否认），证明原告所宣称的妨碍竞争因素并不存在，同时，也可以对所实施行为的效率因素进行说明，以利于法庭做出综合判断。法庭对双方所示证据进行整体的比较，对该行为是否妨碍市场竞争做出综合判断。

在分类治理原则实施的初期，适用于合理原则的 RPM 类型占比重会很大，进入抗辩程序的案件数量肯定会比较多，反垄断管理成本可能会有一个比较显著的上升。但是，随着诉讼案件的增加，会有越来越多的典型行为类型在诉讼中被识别，这会产生以下两种效果：一是一些行为被证明具有明确的危害性，纳入本身违法原则治理范畴；二是一些行为类型被证明不具有竞争危害性，基本上不再进入抗辩程序。因此，随着时间的推移，总的诉讼成本最终会趋于下降。

第二节 RPM 反垄断审查“效率筛子”

我们已经看到 RPM 的两面性：一方面，它在促进零售服务、协调纵向委托代理问题、平缓市场不确定性等方面具有明确的效率提高意义；另一方面，又具有稳定卡特尔、阻止市场进入、削弱品牌间竞争等反竞争效果。合理原则必然会带来诉讼案件的增加，其中包括大量可能是对有效率的 RPM 提起的诉讼（甚至是恶意诉讼)，如果对每一起诉讼都要逐案讨论其经济缘由，不仅会引起大量的诉讼成本增加，而且也会对企业的正常经营活动形成干扰，由此造成额外的社会成本。因此关键的问题是，如何尽可能地降低合理原则下的司法成本？基于此，我们希望能够建立一个过滤装置，从形形色色的 RPM 中把那些基本无害的 RPM 筛选出来，使其免受诉讼之扰，既能节约法庭的审判资源，也能节约社会诉讼成本。尽管对 RPM 的“好”或“坏”进行区分是困难的，但幸运的是，通过对文献的梳理，我们仍然可以发现一些基本的原则，进行一些初步但安全的筛选，尽可能使那些具有效率特征的 RPM 免受反垄断审查。这个“效率筛子”包括以下几个条件：

1. 弱制造商市场势力

制造商想要通过 RPM 妨碍竞争的必要条件是具有一定的市场势力。无论是制造商希望借助零售商来稳定卡特尔，还是策略性地降低市场竞争，制造商都必须具有相当的市场势力，否则 RPM 就不可能实施。但是，当制造商在利用 RPM 追求其他一些效率目标时，制造商所处的市场结构既可以是垄断性的，也可以是竞争的。也就是说，如果实施 RPM 的制造商缺乏垄断势力，RPM 就不可能具有妨碍竞争的作用。因此，这一标准可以简明地划定一条安全边界，首先将一部分无害的 RPM 过滤出来，把对反垄断审查注意力集中到下一步，即如何在上游垄断结构下，对 RPM 进行进一步的筛选。

2. 零售商多品牌代理

制造商实施 RPM 限制市场竞争的另一个条件或者结果是，在实施 RPM 后，每一个零售商销售的同类产品的品牌数量也会受到限制。在卡特尔目的下，如果一个零售商代理多个竞争性品牌，零售商就可以使用非价格手段达到与降价类似的效果，这会导致制造商对零售价格的约束无效（Telser，1960）。对于阻止进入这一策略行为来说，如果一个零售商已经经销了多个同类的竞争性制造商品牌，那么，任何一个制造商要抬高自己的零售价格来阻止潜在竞争对手，就必须承受对其他在位者的价格竞争劣势，这显然是得不偿失的；如果多个品牌同时实施 RPM 以阻止潜在竞争对手，就又面临着与卡特尔目标下类似的窘境。如果实施

RPM 是为了将定价权转移到具有更强定价势力的上游制造商，零售商就不可能是多品牌代理的，因为代理多个类似的竞争激烈的品牌本身就意味着很强的品牌间竞争。因此，从总体上看，以阻碍竞争为目的的 RPM 与零售商多品牌代理是不兼容的。

对于具有效率动机的 RPM 来说，零售商代理品牌的多少与其效率目的不仅不会必然排斥，甚至是有利于 RPM 实施的。例如，在零售商声誉模型下，制造商要求其产品代理零售商必须代理了其他优质同类品牌。因此，一个零售商代理的品牌数量越多，就越不可能具有妨碍竞争的效应。所以，根据零售商代理品牌数量的多少，可以进一步将一部分不可能具有妨碍竞争效应的 RPM 筛选出来，免受反垄断审查。

3. 高市场波动

Rey 和 Tirole（1986）的研究表明，市场供求的波动是不利于卡特尔的。事实上，这一结论几乎可以推广到多数形式的 RPM。道理很简单，由于市场定价的好处就在于使市场价格能够随着供求变化而调整，RPM 限制了价格变化，就使相关企业失去了价格调整机制这一最重要的功能。市场波动越大，使用 RPM 的机会成本就越高。例外的是，对那些希望零售商能够合理保有存货的制造商来说，市场波动越大，使用 RPM 的积极性反而越高。因此，市场波动可以成为一个非常好的筛选标准，将那些维持存货为动机的 RPM 过滤出来。市场波动听起来似乎抽象，但实际应用起来非常具体。例如，一些产品具有随季节波动的特征，如服装、食品，对这些产品应该采取更为宽容的反垄断态度。

4. 低批零价差与卡特尔

在一个自由竞争的零售市场，无约束零售价格等于批发价与正常零售利润之和。对于任何具有效率理由的 RPM，价格约束的目的是在批发价和正常零售利润之外，给零售商提供一个额外激励，表现为较高的批零价差。而对价格卡特尔 RPM 来说，限制零售价格的最终目的只是形成垄断价格，不存在对零售商的额外激励问题，其批零价差与自由竞争情况下相同，因此，会比效率目标 RPM 下的批零价差更小。虽然制造商之间可能策略性地约定，出让一部分利润给零售商，从而使其批零价差与效率 RPM 下具有相似的结构，以避免反垄断机构审查，但由于额外的零售利润会使零售商产生降价激励，并且零售商的降价行为也会增加其被代理产品的制造商利润，因而制造商对零售商的降价行为，予以严格的监督或处罚的动机并不强。所以，与效率目标 RPM 相比，卡特尔 RPM 下的批零价差会更小。根据这一特征，我们可以推断出，批零差价越小的 RPM 越可能具有卡特尔目的，应该成为反垄断审查的重点关注对象。

我们将条件 1 ~4 统称为“效率筛子”：条件 1 ~3 把一些不可能具有破坏性的 RPM 筛选出来，使其免受反垄断审查，条件 4 则可以帮助反垄断执法机构在这些筛选之后的潜在审查对象中，找出一些重点审查对象。这些条件的识别虽然非常简洁，但却完全受经典理论支撑并与其保持一致，这就可以使我们避免不必要的经济分析，以此节约宝贵的司法资源。需要强调的是，尽管这个“效率筛子”的建立来源于对关于“制造商为什么要实施 RPM”的各种假说的比较，但其功能并不在于对某一个具体案例的判断，而是着眼于在整体上降低对 RPM 的反垄断审查成本。在经过“效率筛子”筛选之后，反垄断执法机构仍然需要对 RPM 的具体动机及结果进行详细的经济分析，关于 RPM 的各种假说则为此提供了更为具体的理论依据。

分类治理框架要求执法、司法机构除掌握原有体系下的本身违法原则的使用外，还需要掌握对合理原则的使用，对中国目前尚不成熟的反垄断执法体系提出了更高的要求，“效率筛子”可以帮助执法机构有效降低失误成本，从而可以帮助中国 RPM 反垄断从“本身违法，适用除外”治理体系更稳妥地过渡到分类治理框架上来。

第三节　展望

1. 什么是“坏”的 RPM

在过去的 100 多年里，关于 RPM 的研究争论，在形式上表现为本身违法原则和合理原则之争，在内容上，是关于 RPM 究竟是“好”还是“坏”之争。特别是在最近的几十年里，越来越多的研究集中于发现 RPM“好”的方面。客观地看，这种研究趋势是由 RPM 本身的反垄断执法制度决定的。长期以来，RPM 反垄断治理奉行的本身违法原则，“RPM 是坏的”是在这一法律体系存在的前提。对于坚持这一观点的学者们来说，这是一个已经被法律认可的事实，继续强调这一点在理论上已经没有什么新意，无论对学术发表和实践应用都没有什么吸引力。对本身违法原则的捍卫者来说，重要的是发现那些对 RPM 效率辩护的疏漏或例外。

另外，对 RPM 本身违法持反对意见的学者们，则不断尝试发掘出新的理论和实践，从不同视角为 RPM 提供效率证据。因此，如果仅仅看最近几十年的学术研究成果，给人的印象是，强调 RPM 具有效率因素的成果层出不穷，建议 RPM 实施合理原则的呼声也越来越大，并最终使得美国在司法实践中推翻了本身违法原则。不过，这些理论大多立足于证明应该实施合理原则，而不是着眼于如何实施合理原则。证明本身违法原则不合时宜是一回事，如何实施好合理原则，则是另一回事。现在看来，第一项目标已经基本达到了，但对于后者，则还仅仅处于起步阶段。

因此，一些有见地的看法认为，在丽晶案之后，对 RPM 的研究重点应该转向于如何对有效率的 RPM 进行识别，事实上，在丽晶案中，美国联邦最高法院给出的三条指导原则就体现了这一思想，这三条件原则包括：①个别企业之间的 RPM 不应被视为违法，因为个别企业不可能构成生产卡特尔；②如果 RPM 协议对零售商没有造成压力，则不应视为合法；③实施 RPM 的厂商必须具有足够的市场势力，否则不应视为违法。[①] 这三条指导原则中，第一条和第三条实际上就是在强调什么是“好”的 RPM，从而减少了可能进入合理原则的不必要诉讼。

但另一个尚未引起重视的事实是，对 RPM 适用本身违法原则的传统来自于横向价格协议违法，在学术研究或司法实践中，RPM 对市场竞争的破坏作用从

① Leegin Creative Leather Products, Inc. v. PSKS, Inc. , 551U. S. (2007) .

来没有被全面系统地论证过。现在看来，由于长期缺乏对什么是“坏”的 RPM 的研究，RPM 在什么条件下，以及如何对竞争产生破坏作用，我们知之甚少。正如我们之前已经强调的，有效缩小 RPM 本身合理原则的适用范围，扩大适用本身违法原则的行为类型，可以有效减轻合理原则下的司法成本。我们之前所建立的“效率筛子”可以筛选出“好”的 RPM，接下来要做的是，如何尽可能准确地把那些“坏”的行为找出来。

2. RPM 反垄断处罚的观察期

在合理原则下，如果执法机构或法院认定某一 RPM 行为具有妨碍竞争的不良作用，接下来就是对该行为进行处罚，如禁止、罚款等。但是对一些 RPM，执法机构或法院对其可能的后果存在争议，无论是判定其合理与否，都不可避免地存在高于一般水平的积极失误或消极失误风险，此时，做出一个非对即错的决策，对执法或司法机构都是一个艰难的选择。

Esterbrook 曾经强调，对于消极失误风险，市场具有纠错功能，即那些妨碍市场竞争的行为往往会被市场自身的竞争力量消除。但对于那些有效率的行为，一旦被裁定为非法，则由于法律的刚性作用，市场力量几乎不可能对其进行恢复。基于这一见解，可以尝试建立反垄断处罚的观察期（或冷静期）制度，即对那些在抗辩之后，执法或司法机构仍然难以形成决断时，可以要求被告在指定时期内暂时中止实施该行为，在指定时期到期后由执法或司法机构做出裁决。

由于 RPM 总是具有一定功能性，这些功能性作用最终会体现在一些特定的指标，如零售服务水平、产品价格水平、产量等。在进行反垄断经济分析时，实施 RPM 的企业会在抗辩过程中报告其实施 RPM 的目的，执法机构也会对此进行经济分析，并基于理论对其目的进行检验。但这些检验都是建立于理论假设之上的，由于理论假设只是现实世界的高度抽象，一旦遗漏某些未知的但重要的条件，其检验结果就并不适用于这一特定的 RPM。观察设立观察期的好处在于，可以构建一个类似于准自然实验的环境，观察 RPM 中止前后的一些关键性指标的变化，对在观察期前基于理论假设所做出的判决予以进一步的验证。例如，如果 RPM 是具有卡特尔性质的，则在中止 RPM 后，其利润水平、产量、价格等都会发生相应的变化；又如，如果 RPM 是具有服务性质的，则在 RPM 中止后，零售商的服务水平也会逐渐下降，价格降低，但产量的增长很慢甚至不变或下降。通过这种事前与事后的关键性指标比较，可以对 RPM 的目的到底是效率性的还是妨碍竞争的，做出更为可靠的检验和判断。

建立观察期可以降低反垄断审查的积极失误风险。如果没有观察期，一旦裁决禁止，则该 RPM 就属于非法，执法机构的任务也就会告一段落，通常执法机构就不会再关注该行为被禁止之后的表现，而且，即使在事后发现了一些可能不利于之前的判决证据，但既然判决已经生效，重新更改一个已经生效的判断，其实施难度也必然大大增加。但在建立观察期制度后，如果事后的证据证明该行为是违法的，则可以正式宣判对该行为的处罚，由于观察期内该行为事实上也是处于被禁止状态，因此，并不会产生额外的反垄断管理成本；如果事后的证据证明该行为是合理的，则可以宣布之前的观察期结束，企业可以重新恢复该 RPM 合约，这样可以极大地避免对效率行为的误判。

也许有人会担心，厂商在观察期会故意伪装，制造合法假象。但事实上，这种担心是多余的，厂商要刻意伪造与 RPM 真实目的相反的证据，几乎不可能。例如，在 RPM 合约中止后，制造商对零售商价格的控制权没有契约保证，如果此时零售商仍然能够听命于制造商，那当初制造商就完全不需要使用 RPM 了。如果制造商采用非法的手段胁迫零售商，这显然是极不明智的，因为，零售商向法院起诉这一事实（很多 RPM 案例中零售商就是原告）就已经说明，制造商的胁迫无效；即使零售商不是原告，制造商串通或胁迫零售商也极不明智，因为这本身就会成为其 RPM 非法的最有利证据，而且可能招致更严重的罪名，并且，在已经进入观察期状态下，零售商总会有零售商拒绝配合甚至向执法机构检举。

总的来说，建立观察期制度很可能是一个有益的尝试，但如何让这一设想在操作层面得以落地，仍然需要更为细致和具体的制度设计和论证。

3. RPM 与其他工具的组合

当生产者为了某一目的实施 RPM 时，往往需要借助于其他纵向约束工具，如最低数量限制、数量折扣、两部收费等。通过对这些工具组合的性质进行综合判断，可以更为准确地了解使用 RPM 的真实目的。因此，一个有价值的问题是，RPM 与其他纵向约束工具组合，是否与其使用目的存在某些规律性？如果是，则我们可以利用这些规律性现象对 RPM 的目的进行进一步的判断。

一些纵向约束工具与制造商卡特尔存在明显的矛盾。例如，在服务理论中，为了激励零售商零售服务，制造商需要实施两部收费，即高的固定费和低的批发价，但两部收费与卡特尔稳定显然是具有内在矛盾的，而这一矛盾通过简单的比较就能看出。假设两个卡特尔成员 A 和 B，其目的是维持卡特尔，实施普通的线性定价时，各自给出批发价w_a和w_b，并分别要求最低零售价（合谋定价）p_a和p_b；如果实施两部收费，由于已经收取了固定费，其相应的批发价w_{at}和w_{bt}必然更低，$w_{at}<w_a$，$w_{bt}<w_b$。对于零售商来说，如果同样的降价幅度 e 能够吸引的消费者数量相同，假设为 q，两部收费时降价能够获得的利润为 q（$p_a-w_{at}-e$），简单线性批发价下降价能够获得的利润为 q（p_a-w_a-e），前者显然大于后者，即在两部收费下，零售商降价的激励要高于线性定价。因此，如果制造商的目的仅仅是为了维持卡特尔，就应该采取简单的线性批发价而不是两部收费。又如，累进的数量折扣是激励零售商销售更多的数量，而卡特尔的本质是限定产量，这两者的冲突也是显而易见的。

另外，如排他性经营、限定销售区域，往往是有助于卡特尔稳定的。如果是非排他的，即一个零售商可以同时经营 A 和 B 的产品，则 A 或 B 就可以对零售商给予低的批发价，来激励零售商在销售时优先向顾客推销自己的产品，这种竞争将使卡特尔中的生产者利润整体下降。而排他性经营则可以避免这种不稳定因素。又如，如果 A 和 B 都对零售商实施限定销售区域制度，不仅降低了同一产品的零售商之间的竞争，且 A 和 B 的零售商也会更容易地观察到对手的价格行为，更容易形成价格协调。

在现实世界中，我们能够观察到的 RPM 合约往往与其他各种纵向约束工具混合使用，但是，为什么制造商需要将这些工具叠加使用，现有的理论关注不多。事实上，工具的使用总是由一定目的驱使的，因此，分析这些工具组合的功能及使用效果，可以成为识别制造商使用 RPM 目的的一个非常有价值的途径。

4. RPM 的激励机制

丽晶案中给出的一条指导性原则是，“如果 RPM 协议对零售商没有造成压力，则不应视为合法”。这表明，法院已经认识到，激励机制对识别 RPM 具有重要作用。

在生产者卡特尔为目的的 RPM 中，制造商实施 RPM 的最直接作用是自我约束，即不会对零售商降低批发价，因为在 RPM 下，即使降低批发价也无法将价格效应传导到消费者。因此，如果批发价与自由竞争的零售价之间的差额只能够补偿零售成本，零售商本身就不会有违反最低限价的动机。相反，如果制造商实施 RPM 的动机是零售服务，批发价与最低零售价之间就包含了零售服务成本，零售商会面临使用价格竞争来替代服务竞争的动力，当然，这种激励被最低零售价格所约束，这就是所谓 RPM 对零售商造成的压力。

但并非所有妨碍竞争的 RPM 都不会对零售商造成压力，例如，当具有垄断地位的在位生产者实施 RPM 阻止潜在竞争对手时，潜在的进入者如果要进入市场，其产品必须通过零售商出售。在位的生产者可以通过设定最低零售价格，以及较低的批发价，使零售商获得一部分垄断利润；如果零售商销售潜在进入者的产品，产品市场就变成完全竞争，垄断利润消失，零售商也将失去之前所分享的那部分零售利润。如此，在位的制造商实施 RPM，可以诱使零售商拒绝销售潜在进入者的产品，达到阻止进入者、限制竞争的目的。但此时，由于零售商与批发价之间的超额利润存在，零售商之间显然具有降价的诱惑：降低一点价格将使销量及利润增加。此时，零售商的降价压力仍然存在。

当然，制造商在维系卡特尔时也能够给予零售商一定的零售利润，从而可以向反垄断执法机构宣称其目的并不在于卡特尔。但即使如此，零售商仍然不会面临真正的压力。这是因为，制造商并没有真正的动力对零售商的降价行为进行控制和处罚：零售商的降价行为能够从竞争对手那里争夺更多的消费者，这有利于制造商的利润增加。

在 Klein 等提出的利润分享机制中，不仅制造商会有动力维持 RPM，而且零售商也会有动力维持 RPM。在这里，制造商仍然向零售商给出一个含有利润的批发价和最低零售价格，并在合同中与零售商约定一些明确或意会的目标，如果零售商遵守合约，则继续合同并获得后续的利润，如果违约，则中止合同，零售商失去未来的分享利润。在这一合同设计中，中止合约就是对零售商保持最低零售价的有效约束。在这种机制设计下，零售商对最低零售价格的遵守是激励兼容的。

由以上几个简单的例子我们可以看出，RPM 的协调机制与 RPM 的合法性存在奥妙的关系，“如果 RPM 协议对零售商没有造成压力，则不应视为合法”，但是，如果 RPM 协议对零售商造成了压力，也未必就是合法的。因此，仅仅通过观察“压力”这一指标，并不能对 RPM 的合法性做出有效的估计。因而，对 RPM 协调机制与 RPM 合法之间的关系进行更为深入的研究。总体上的判断是，RPM 的激励机制与制造商的实施动机很可能会有某些规律性的关系，但我们对此仍然所知甚少。一些文献研究的结果证明，在这方面做进一步的努力是值得的。

在反垄断研究中，RPM 是一个古老却充满悬念的研究话题。充满智慧的前辈们在这一领域持续了上百年的研究，为我们留下了许多惊艳的理论猜想，同时也给我们留下了许多令人困惑的矛盾甚至理论冲突。正是通过对前人研究的梳理，以及 RPM 反垄断制度的历史演变的考察，我们创新性地提出了 RPM 反垄断分类治理的思想。我们希望这一思想能够接受理论的拷问和实践的检验。

参考文献

［1］［美］马歇尔·C. 霍华德著《美国反托拉斯法与贸易法规》，孙南申译，中国社会科学出版社 1991 年 5 月版，第 206 页。

［2］Ancarani F.，Shankar V. Price levels and price dispersion within and across multiple retailer types：Further evidence and extension［J］．journal of the academy of marketing science，2004，32（2）：176 –187.

［3］Arbuthnot，C. C. "The Factor System as Related to Industrial Combinations，" Journal of Political Economy，1907，15，577 –587. Areeda，P. E. Antitrust Law，Vol. vu，Boston，1986.

［4］Arbuthnot，C. C.，The Factor System as Related to Industrial Combinations［J］．Journal of Political Economy，1907，15（10）：577 –602.

［5］Armstrong M.，Zhou J. Paying for Prominence［J］．Economic Journal，2011，121（556）：F368 –F395.

［6］Asker，J. and Bar –Isaac H.，Raising Retailers' Profits：On Vertical Practices and The Exclusion of Rivals［J］．American Economic Review，2014，104（2）：672 –686.

［7］Benabou R. J. Search market equilibrium bilateral heterogeneity and repeat purchases［J］．Journal of Economic Theory，1988，60（1）：140 –158.

［8］Bolton，P. and Bonanno G.，Vertical Restraints in A Model of Vertical Differentiation [J]. Quarterly Journal of Economics, 1988, 103 (3): 555 –570.

[9] Bonnet C., Dubois P. Inference on vertical contracts between manufacturers and retailers allowing for nonlinear pricing and resale price maintenance [J]. Rand Journal of Economics, 2010, 41 (1): 139 –164.

[10] Borenstein, S., Price Discrimination in Free – Entry Markets [J]. RAND Journal of Economics, 1985, 16 (3): 380 –397.

[11] Boyd, D. W. Resale Price Maintenance or Dealer Exclusive Territories? Toward a Theory of Product Distribution. The American Economist, 1996, 40 (2): 86 –94.

[12] Breit, W., Resale Price Maintenance: What Do Economists Know and When Did They Know It [J]. Journal of Institutional and Theoretical Economics (JITE), 1991, 147 (1): 72 –90.

[13] Brynjolfsson E., Simester D. Goodbye Pareto Principle, Hello Long Tail: The Effect of Search Costs on the Concentration of Product Sales [J]. Management Science, 2006, 57 (8): 1373 –1386.

[14] Byrne D. P., De Roos N. Consumer Search in Retail Gasoline Markets [J]. The Journal of Industrial Economics, 2017, 65 (1): 183 –193.

[15] Chao Y., Tan G., Wong A. C. L. All – units discounts as a partial foreclosure device [J]. The RAND Journal of Economics, 2018, 49 (1): 155 –180.

[16] Chen M. L. The effects of advertising on retail price competition under vertical restraint: A Japanese case [J]. Journal of Business Research, 2004, 57 (3): 277 –283.

[17] Chen Y., Zhang T. Equilibrium price dispersion with heterogeneous searchers [J]. International Journal of Industrial Organization, 2011, 29 (6): 0 –654.

[18] Chen, Y., Oligopoly Price Discrimination and Resale Price Maintenance [J]. RAND Journal of Economics, 1999, 30 (3): 441 –445.

[19] Chris Hersh & Larry Weinberg, Cross – Border Confusion? Price Mainte-

nance Still Per Se Offence in Canada, THE FRANCHISE LAWYER 1, 3 (2008).

[20] Clay K., Krishnan R., Wolff E. Prices and Price Dispersion on the Web: Evidence from the Online Book Industry [J]. The Journal of Industrial Economics, 2001, 49 (4): 19.

[21] Comanor, W. S. and Rey, P., Competition Policy Towards Vertical Restraints in Europe and the United States [J]. Empirica, 1997, 24 (1-2): 37-52.

[22] Cooper, J. C., Froeb, L. M., O'Brien, D. P., and Vita, M. G., Comparative Study of United States and European Union Approaches to Vertical Policy [J]. Geo. Mason L. Rev., 2004, 13: 289.

[23] Dana, J., Monopoly Price Dispersion Under Demand Uncertainty [J]. International Economic Review, 2001, 42 (3): 649-670.

[24] Daniel J. Shaw. Resal Price Maintenance as a Private Contract Enforcement Mechanism: The Special Services Case. Southern Economic Journal, 1994, 61 (1): 52-68.

[25] Deneckere R., Marvel H. P., Peck J. Demand Uncertainty, Inventories, and Resale Price Maintenance [J]. Quarterly Journal of Economics, 2001, 111 (3): 885-913.

[26] Deneckere R., Peck M. J. Demand Uncertainty, Inventories, and Resale Price Maintenance [J]. The Quarterly Journal of Economics, 1996, 111 (3): 885-913.

[27] Deneckere, R., Marvel H. P. and Peck J., Demand Uncertainty and Price Maintenance: Markdowns as Destructive Competition [J]. American Economic Review, 1997, 87 (4): 619-641.

[28] Devlin F. J. Resale Price Maintenance and Leegin: Opening Kay's Kloset Opened the Lid on Pandora's Box in Global Competition Law [J]. Houston Journal of International Law, 2009, 31.

[29] Dixit A. Vertical integration in a monopolistically competitive industry [J].

International Journal of Industrial Organization, 1983, 1 (1): 63 -78.

[30] Dr. Miles Medical Co. V. John D. Park & Sons Co. , 220 U. S. 373 (1911) .

[31] Easterbrook, F. H. , Vertical Arrangements and The Rule of Reason [J] . Antitrust Law Journal, 1984, 53 (1): 135 -173.

[32] Elzinga K. G. , Mills D. E. The Economics of Resale Price Maintenance [J]. Social Science Electronic Publishing, 2006 (3 -4): 262.

[33] Elzinga, K. G. , Resale Price Maintenance and the Tenth Anniversary of Leegin [J] . Review of Industrial Organization, 2017, 50 (2): 129 -131.

[34] Foros O , Kind H. J. , Shaffer G. Apple's agency model and the role of most - favored - nation clauses [J] . The rand journal of economics, 2017, 48 (3): 673 - 703.

[35] Fumagalli, C. and Motta, M. , Exclusive Dealing and Entry When Buyers Compete [J] . American Economic Review, 2006, 96 (3): 785 -795.

[36] Gabrielsen T. S. , Johansen B. O. , Lømo T. L. Resale Price Maintenance In Two - Sided Markets [J] . The Journal of Industrial Economics, 2018, 66 (3): 570 -609.

[37] Gabrielsen T. S. , Johansena B. O. Resale Price Maintenance with Secret Contracts and Retail Service Externalities [J] . American Economic Journal Microeconomics, 2017, 9 (1): 63 -87.

[38] Gaudin, G. and White A. , On the Antitrust Economics of the Electronic Books Industry [R] . SSRN Working Paper, 2014.

[39] Gayle P. G. , Luo Z. Choosing between Order - of - Entry Assumptions in Empirical Entry Models: Evidence from Competition between Burger King and McDonald's Restaurant Outlets [J] . The Journal of Industrial Economics, 2015, 63 (1): 129 -151.

[40] Giovannetti, E. and Magazzini, L. , Resale Price Maintenance: An Empiri-

cal Analysis of UK Firms' Compliance [J]. The Economic Journal, 2013, 123 (572).

[41] Goldberg, V., Enforcing Resale Price Maintenance: The FTC Investigation of Lenox [J]. American Business Law Journal, 1980, 18 (2): 225-258.

[42] Gould, J. R., and Preston, L. E., Resale Price Maintenance and Retail Outlets. Economica, 1965, 32 (127): 302-312.

[43] Gundlach, G. T. Overview and Contents of the Special Issue: Antitrust Analysis of Resale Price Maintenance after Leegin [J]. The Antitrust Bulletin, 2010, 55 (1): 1-24.

[44] Gurnani H., Xu Y. Resale price maintenance contracts with retailer sales effort: Effect of flexibility and competition [J]. Naval Research Logistics, 2006, 53 (5): 448-463.

[45] Hamilton J. H. Resale price maintenance in a model of consumer search [J]. 1990, 11 (2): 87-98.

[46] Hart, O., Tirole, J., Carlton, D. W. and Williamson, O. E., Vertical Integration And Market Foreclosure [J]. Brookings Papers on Economic Activity (Microeconomics), 1990, 1990 (2): 205-286.

[47] Heeseab H. S. Inventory and sales effort management under unobservable lost sales [J]. European Journal of Operational Research, 2010, 207 (3): 1263-1268.

[48] Heide J. B., Dutta S., Bergen M. Exclusive Dealing and Business Efficiency: Evidence from Industry Practice [J]. Journal of Law & Economics, 1998, 41 (2): 387-408.

[49] Herbert Smith Freehills LLP, Resale Price Maintenance Practices Firmly On The Radar Across Europe [EB/OL]. http://Documents. Lexology. Com/A68186e0-A78e-47ee-97bb-28d8f381a123. Pdf. 2017-05-04.

[50] Hortaçsu A., Syverson C. Product Differentiation, Search Costs, and Com-

petition in the Mutual Fund Industry: A Case Study of S&P 500 Index Funds [J]. Quarterly Journal of Economics, 2004, 119 (2): 403 -456.

[51] Hunold, M. and Muthers, J., Resale Price Maintenance and Manufacturer Competition for Retail Services [J]. RAND Journal of Economics, 2017, 48 (1): 3 -23.

[52] Iacobucci E., Winter R. A. European Law on Selective Distribution and Internet Sales: an Economic Perspective [J]. Antitrust Law Journal, 2016.

[53] Ippolito P. M., Overstreet T. R. Resale Price Maintenance: An Economic Assessment of the Federal Trade Commission's Case against the Corning Glass Works [J]. The Journal of Law and Economics, 1996, 39 (1): 285 -328.

[54] Ippolito, P. M., Resale Price Maintenance: Empirical Evidence from Litigation [J]. The Journal of Law and Economics, 1991, 34 (2, 1): 263 -294.

[55] Ippolito, P. M., and Overstreet Jr, T. R., Resale Price Maintenance: An Economic Assessment of The Federal Trade Commission's Case Against the Corning Glass Works [J]. The Journal of Law and Economics, 1996, 39 (1): 285 -328.

[56] J. Isaac Brannon. The effects of resale price maintenance laws on petrol prices and station attrition: empirical evidence from Wisconsin [J]. Applied Economics, 2003, 35 (3): 343 -349.

[57] Janssen M., Shelegia S. Consumer Search and Double Marginalization \ r [J]. American Economic Review, 2015, 105 (6): 1683 -1710.

[58] Joseph Pereira, Why Some Toys Don't Get Discounted—Manufacturers Set Minimums That Retailers Must Follow or Risk Getting Cut Off, WALL ST. J., Dec. 24, 2008.

[59] Jr. T. R. O., Fisher A. A. Resale Price Maintenance and Distributional Efficiency: Some Lessons From the Past [J]. Contemporary Economic Policy, 1985, 3 (3): 43 -58.

[60] Jullien B., Reisinger M., Rey P. Vertical foreclosure and multi - segment

competition [J]. Economics Letters, 2017, 169: 31 -34.

[61] Jullien B., Rey P. Resale price maintenance and collusion [J]. Rand Journal of Economics, 2007, 38 (4): 983 -1001.

[62] Katz, M. L. Vertical Contractual Relations [A]. Schmalensee, R. and Willig, R. D. Handbook of Industrial Organization [C]. Elsevier, 1989.

[63] Klein B. COMPETITIVE RESALE PRICE MAINTENANCE IN THE ABSENCE OF FREE RIDING [J]. Social Science Electronic Publishing, 2009, 76 (2): 431 -481.

[64] Klein, B. and Murphy, K., Vertical Restraints as Contract Enforcement Mechanisms [J]. Journal of Law And Economics, 1988, 31 (2): 265 -297.

[65] Krishnan, H. and Winter, R. A., Vertical Control of Price and Inventory [J]. American Economic Review, 2007, 97 (5): 1840 -1857.

[66] L. A. Skeoch, The Abolition of Resale Price Maintenance: Some Notes on Canadian Experience, 31 ECONOMICA 260, 260 (1964).

[67] Lafontaine F., Ross S. M., Slade M. Exclusive contracts and vertical restraints: Empirical evidence and public policy [C] // Handbook of Antitrust Economics. 2008.

[68] Leegin Creative Leather Products, Inc. V. PSKS, Inc., 551 U. S. 877 (2007).

[69] Levy D. T., Blair R. D., Kaserman D. L. Law and Economics of Vertical Integration and Control [J]. Elsevier Monographs, 2017, 51 (4): 1267.

[70] Loginova O. Real and Virtual Competition [J]. Journal of Industrial Economics, 2009, 57 (2): 319 -342.

[71] Marjorie Holmes & Clara Cerdan, Resale Price Maintenance: Is Price Control Ever justified?, Competition L. Insight, MAR. 8, 2005, at 10, 14.

[72] Martimort D., Piccolo S. Resale price maintenance under asymmetric information [J]. International Journal of Industrial Organization, 2007, 25 (2): 315 -

339.

[73] Marvel H. P. , Mccafferty S. The Political Economy of Resale Price Maintenance [J] . Journal of Political Economy, 1986, 94 (5): 1074 -1095.

[74] Marvel H. P. , Mccafferty S. The Welfare Effects of Resale Price Maintenance [J] . The Journal of Law and Economics, 1985, 28 (2): 363 -379.

[75] Marvel H. P. Leegin and the Economics of Resale Price Maintenance [J] . Review of Industrial Organization, 2017, 50 (2): 1 -24.

[76] Marvel, H. P. and Mccafferty, S. , Resale Price Maintenance and Quality Certification [J] . RAND Journal Of Economics, 1984, 15 (3): 346 -359.

[77] Marvel, Howard P. , McCafferty, Stephen. The Political Economy of Resale Price Maintenance [J] . Journal of Political Economy, 1986, 94 (5): 1074 -1095.

[78] Marx, L. M. and Shaffer, G. , Opportunism in Multilateral Vertical Contracting: Nondiscrimination, Exclusivity, and Uniformity: Comment [J] . American Economic Review, 2004, 94 (3): 796 -801.

[79] Mathewson F. , Winter R. The Law and Economics of Resale Price Maintenance [J] . Review of Industrial Organization, 1998, 13 (1 -2): 57 -84.

[80] Mathewson, G. F. and Winter, R. A. , An Economic Theory of Vertical Restraints [J] . RAND Journal of Economics, 1984, 15 (1): 27 -38.

[81] Mathewson, G. F. and Winter, R. A. , The Law and Economics of Resale Price Maintenance [J] . Review of Industrial Organization, 1998, 15 (1): 57 -84.

[82] Mathewson, G. F. and Winter, R. A. , Vertical Integration by Contractual Restraints in Spatial Markets [J] . Journal of Business, 1983, 56 (4): 497 -517.

[83] Mcafee, R. P. and Schwartz, M. , Opportunism in Multilateral Vertical Contracting: Nondiscrimination, Exclusivity, and Uniformity [J] . American Economic Review, 1994, 84 (1): 210 -230.

[84] Michael A. Lindsay, State Resale Price Maintenance Laws After Leegin, ANTITRUSTSOURCE, Oct. 2009, at 1, 3, http: //www. abanet. org/antitrust/at -

source/09/10/Oct09 – Lindsay10 – 23f. pdf.

[85] Montez, J. , Controlling Opportunism in Vertical Contracting When Production Precedes Sales [J] . The RAND Journal of Economics, 2015, 46 (3): 650 – 670.

[86] Moraga – González, José Luis, Sándor, Zsolt, Wildenbeest M. R. Prices and heterogeneous search costs [J] . The RAND Journal of Economics, 2017, 48 (1): 125 – 146.

[87] Mortimer, J. H. , Vertical Contracts in The Video Rental Industry [R] . Harvard University Working Paper, 2004.

[88] National Archives, Resale Prices Act 1976 (As Enacted) [EB/OL] . http://www. legislation. gov. uk/ukpga/1976/53/enacted, 2017 – 05 – 07.

[89] O' Brien, D. and Shaffer, G. , Vertical Control with Bilateral Contracts [J] . RAND Journal of Economics, 1992, 23 (2): 299 – 308.

[90] O' Brien D. P. , Shaffer G. Vertical Control with Bilateral Contracts [J] . Rand Journal of Economics, 2000, 23 (23): 299 – 308.

[91] OECD, Annual Report on Competition Policy Developments in Mexico, at 3, OECD Doc. DAF/COMP (2006) 7/25 (May 29, 2006) .

[92] Perry M. K. , Groff R. H. Resale Price Maintenance and Forward Integration into a Monopolistically Competitive Industry [J] . Quarterly Journal of Economics, 2016, 100 (4): 1293 – 1311.

[93] Posner R. A. Vertical Restraints and Antitrust Policy [J] . University of Chicago Law Review, 2005, 72 (1): 229 – 241.

[94] Posner, R. A. Antitrust Law: An Economic Perspective [M] . Chicago: University of Chicago Press, 1976.

[95] Posner, R. A. , Antitrust in The New Economy [J] . Economic Law Forum, 2001, 68 (3): 925 – 943.

[96] Posner, R. A. . Antitrust Law. 2nd ed. Chicago: University of Chicago

Press, 2001.

[97] Ralph A. Winter : Vertical Control and Price Versus Nonprice Competition, The Quarterly Journal of Economics, 1993, 108 (1): 61 -76.

[98] Raskovich A. Retail buyer power through steering [J]. Economics Letters, 2007, 96 (2): 221 -225.

[99] Rasmusen, E. B., Ramseyer, J. M. and Wiley, J. S., Naked Exclusion [J]. American Economic Review, 1991, 81 (5): 1137 -1145.

[100] Rey P., Vergé T. Bilateral Control with Vertical Contracts [J]. Rand Journal of Economics, 2004, 35 (4): 728 -746.

[101] Rey, P. and Stiglitz, J., Vertical Restraints and Producers' Competition [J]. European Economic Review, 1988, 32 (1): 561 -568.

[102] Rey, P. and Tirole, J., The Logic of Vertical Restraints [J]. American Economic Review, 1986, 76 (5): 921 -939.

[103] Rey, P. and Vergé, T., Resale Price Maintenance and Interlocking Relationships [J]. The Journal of Industrial Economics, 2010, 58 (4): 928 -961.

[104] Salop, S. C., and Scheffman, D. T., Raising rivals' costs [J]. The American Economic Review, 1983, 73 (2): 267 -271.

[105] Scherer, F. M., & Ross, D. (1990). Industrial market structure and economic performance (3rd ed.).

[106] Schulz, N., Does the Service Argument Justify Resale Price Maintenance [J]. Journal of Institutional and Theoretical Economics (JITE), 2007, 163 (2): 236 -255.

[107] Secrieru O. THE ECONOMIC THEORY OF VERTICAL RESTRAINTS [J]. Journal of Economic Surveys, 2006, 20 (5): 797 -822.

[108] Segal, I. R. and Whinston, M. D., Naked Exclusion: Comment [J]. American Economic Review, 2000, 90 (1): 296 -309.

[109] Shaffer G. Bargaining in Distribution Channels with Multi - Product Retail-

ers [J] . 2001.

[110] Shaffer G. Resale Price Maintenance and Restrictions on Dominant Firm and Industry – Wide Adoption [C] // CESifo Group Munich, 2007: 179 – 186.

[111] Shaffer G. Slotting Allowances and Resale Price Maintenance: A Comparison of Facilitating Practices [J] . Rand Journal of Economics, 1991, 22 (1): 120 – 135.

[112] Shaked, A. and Sutton, J. , Relaxing Price Competition Through Product Differentiation [J] . Review of Economic Studies, 1982, 49 (1): 3 – 13.

[113] Shaw, D. J. , Resale Price Maintenance as A Private Contract Enforcement Mechanism: The Special Services Case [J] . Southern Economic Journal, 1994, 61 (1): 52 – 68.

[114] Silcock, T. H. , Some Problems of Price Maintenance [J] . Economic Journal, 1938, 48 (1): 42 – 51.

[115] Spence, A. M. , Monopoly, Quality, and Regulation [J] . The Bell Journal of Economics, 1975, 6 (2): 417 – 429.

[116] Spengler, J. J. , Vertical Integration and Antitrust Policy [J] . Journal of Political Economy, 1950, 58 (4): 347 – 352.

[117] Sudhir K. Structural Analysis of Manufacturer Pricing in the Presence of a Strategic Retailer [J] . Marketing Science, 2001, 20 (3): 244 – 264.

[118] Taussig, F. W. , Price Maintenance [J] . American Economic Review, 1916, 6 (1): 170 – 184.

[119] Taylor T. A. Supply Chain Coordination under Channel Rebates with Sales Effort Effects [J] . Management Science, 2002, 48 (8): 992 – 1007.

[120] Telser, L. G. , Why Should Manufacturers Want Fair Trade II [J] . Journal of Law and Economics, 1990, 33 (2): 409 – 417.

[121] Telser, L. G. , Why Should Manufacturers Want Fair Trade [J] . Journal of Law and Economics, 1960, 3 (1): 86 – 105.

［122］ Tosdal H. R. Price maintenance ［J］. American Economic Review, 1918, 8 (2): 28 -47.

［123］ Winter R. A. Presidential Address: Antitrust restrictions on single - firm strategies ［J］. Canadian Journal of Economics, 2009, 42 (4): 1207 -1239.

［124］ Winter, R. A., Vertical Control and Price Versus Nonprice Competition ［J］. Quarterly Journal of Economics, 1993, 108 (1): 61 -76.

［125］ Yamey B. S. The Origins of Resale Price Maintenance: A Study of Three Branches of Retail Trade ［J］. The Economic Journal, 1952, 62 (247): 522 -545.

［126］ Yamey, B. S., Notes on Resale Price Maintenance ［J］. Economica, New Series, 1950, 17 (67): 254 -265.

［127］ Yang, Huanxing. Targeted search and the long tail effect ［J］. The RAND Journal of Economics, 2013, 44 (4): 733 -756.

［128］ Zanarone G. Vertical Restraints and the Law: Evidence from Automobile Franchising ［J］. The Journal of Law and Economics, 2009, 52 (Volume 52, Number 4): 691 -700.

［129］ Zanarone G. Vertical Restraints and the Law: Evidence from Automobile Franchising ［J］. Social Science Electronic Publishing, 2009, 52 (4): 691 -700.

［130］ 岑兆琦．德国大众汽车维持转售价格案评析［J］．中国价格监管与反垄断，2014（12）：24 -27.

［131］ 丁茂中．原则性禁止维持转售价格的立法错误及其解决［J］．政治与法律，2017（1）：151 -161.

［132］ 何滔．转售价格维持规制的域外经验与中国启示［J］．国际贸易，2014（9）：35 -38.

［133］ 何治中．美国反垄断法对最低转售价格维持的规制原则变迁与启示［J］．金陵法律评论，2008（2）：154 -161.

［134］ 赫伯特·霍温坎普，兰磊．论反垄断法上的合理原则（上）［J］．竞争政策研究，2018，21（6）：24 -49.

［135］黄勇，刘燕南．关于我国反垄断法转售价格维持协议的法律适用问题研究［J］．社会科学，2013（10）：82－91.

［136］蒋传海，王志伟，冷帅．跨期价格歧视与转售价格维持［J］．管理科学学报，2016，19（7）：1－9.

［137］寇宗来，李三希．线上线下厂商竞争：理论和政策分析［J］．世界经济，2018，478（6）：175－194.

［138］兰磊．转售价格维持违法推定之批判［J］．清华法学，2016，10（2）：94－114.

［139］李剑，唐斐．转售价格维持的违法性与法律规制［J］．当代法学，2010，24（6）：110－116.

［140］刘晓峰，顾领．基于消费者转换行为的线上线下产品定价策略研究［J］．管理科学，2016，29（2）：93－103.

［141］刘志成．转售价格维持、不对称信息与反垄断执法［J］．经济研究，2012（S2）：94－105.

［142］时建中．原则性禁止转售价格维持的立法正确性：规范意义和分析方法［J］．中国价格监管与反垄断，2018（1）：22－25.

［143］唐要家．转售价格维持的合谋效应与反垄断执法政策［J］．财经论丛，2014（1）：85－90.

［144］王健．新西兰商业法［J］．经济法论丛，2008（1）：424－511.

［145］王健．垄断协议认定与排除、限制竞争的关系研究［J］．法学，2014（3）：35－49.

［146］王曦．国外图书转售价格维持制度研究［J］．出版发行研究，2014（5）：91－94.

［147］王自力，何小钢，潘卫华．跨期外部性、零售服务与转售价格维持［J］．当代财经，2019（2）：14－24.

［148］许光耀．转售价格维持的反垄断法分析［J］．政法论丛，2011（4）：98－103.

［149］李凯，赵伟光．转售价格维持与竞争损害：以中国乘用车市场为例［J］．经济学动态，2018（12）：64－82.

［150］于立，冯博．维持转售价格法律适用问题中的“定性”与“定量”——“锐邦诉强生案”的法律经济学分析［J］．中国物价，2014（1）：9－13.

［151］于立，徐洪海，冯博．“店选网购”跳单问题的竞争关系分析——以图书行业为例［J］．中国工业经济，2013（9）：121－133.

［152］于立，吴绪亮．纵向限制的经济逻辑与反垄断政策［J］．中国工业经济，2005（8）：20－26.

［153］曾晶．论转售价格维持的反垄断法规制［J］．上海财经大学学报，2016，18（2）：116－128.

［154］张自然，祝伟．网购市场鱼龙混杂现象的经济学解释：基于二维不对称信息的视角［J］．财经研究，2016，42（11）：99－112.

［155］甄艺凯．双重转售价格维持的反竞争效应——基于中国汽车行业的分析［J］．中国工业经济，2016（5）：75－91.

［156］郑鹏程．美国反垄断法“本身违法”与“合理法则”适用范围探讨［J］．河北法学，2005，23（10）：122－126.

［157］钟洲，王麒植．忠诚折扣、产品和消费者的异质性与竞争壁垒［J］．中国工业经济，2018，366（9）：176－194.

［158］唐斐．转售价格维持的反垄断法规制［D］．西南政法大学，2008.